U0056007

Burnout

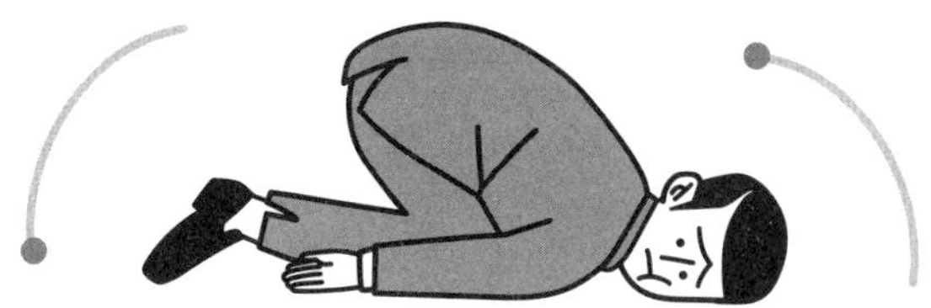

不想上班症候群

最強腦科學改善工作焦慮，擺脫職業倦怠的身心配方

易思腦團隊
ExeBrain／著

—推薦序—

很開心能接受邀請，讓我有機會在第一時間拜讀易思腦專業團隊為上班族撰寫的書，而這本書有幾點值得分享的特色。

首先，介紹「職業倦怠綜合症」的類型，上班族可透過「大腦健康自我檢測」來了解自己是否出現大腦疲勞相關症狀。再由腦科學專業角度，介紹神經網絡，包括預設網絡、執行功能網絡與突顯網絡。作者群以深入淺出方式，介紹複雜的神經網絡及其功能，並輔以實例介紹大腦過勞與老化的狀態，很適合一般大眾對自己大腦功能有更多了解。

以科學實證介紹大腦保健知識，例如，正念、放鬆、回想幸福的記憶、運動等，本書也提供許多自我練習的活動，讓疲憊的大腦透過這些練習來恢復腦力、心力與體力，進而提升大腦的工作效率。

近年來，神經可塑性掀起一波治療風潮，我們可以透過訓練大腦，打通大腦的任督二脈，在大腦中開出一條快樂、活力、專注力、高工作效能的高速公路。

林宜美．高雄醫學大學心理系教授

我們都有不想上班、不想讀書的時候，也有 Burnout 到連招呼都不想打的時候。為什麼會這樣呢？本書告訴你大腦疲累的原因，並教你如何去改變它。是的，大腦是可以改變的，改變心態就改變了生命，祝你閱讀愉快。

洪蘭．中央大學認知神經科學研究所教授

在台灣這個產業相當密集的環境中，幾乎每一個行業都充滿了競爭與風險。隨著年紀漸長，對身心健康也有了更新的認識。易思腦讓我知道了用科學的方法可以延緩大腦老化，解決許多因年歲增加而帶來的問題。也使我相信有更多的人和我一

樣需要這樣的專業服務。

很高興易思腦出版這本讓人受益良多的大腦活化書籍，不只可以給職場工作者一些參考和提醒，也提供了一般年長者更多的大腦健康保養指標。希望易思腦繼續精益求精，力爭上游，在腦科學領域更上一層樓。

楊武男・大江生醫（股）公司創辦人／榮譽董事長

「耶！超開心，接下來有五天連假了！」不用問，這一定是來自上班族的歡呼。上班原本應該是件開心的事，藉著上班工作，可以賺得生活費、可以養家活口、可以度假、讓自己過上更好的日子，或者更進一步說，可以讓自己的理想得以實現。

可是為什麼許多人班上著、上著，就失去了當年開心入職時的快樂呢？工作何時變成了一個如此沉重的擔子，讓人又累又煩，只想逃避。本人身為數十年的資深上班族，深深了解工作者每天需面對著各種不同的狀況，包括長官的壓力、經費的壓力、訂單的壓力、生產的壓力、交貨的壓力、同儕的壓力、主管、客戶、競品、業績等，真的是沒完沒了不一而足。試想，這樣的日子一成不變，日復一日，年復一年，是否不用多久，就可以將一個原本青春快樂的年輕人，磨損到讓他開始懷疑人生？

這樣的情形可以改善嗎？

有，而且方法還不少。例如，要努力在工作中保持活力和樂趣，包括利用時間大量閱讀、常常旅行、多交朋友、有美好的信仰，這些都可以讓我們在壓力的環境中注入新的能量，添加生活中的樂趣。除此之外，如果能再好好利用大腦所擁有的「可塑性」，用科學的方法保持大腦的穩定和健康，遇事不焦慮，可以常常像少年時一般，心中總是充滿正能量，這會是多麼美好的事。

易思腦團隊多年來在大腦健康和普及上投入了相當的心力，這段日子也承蒙國內、外許多醫師和大腦科學家及教授們，將他們數十年的知識和經驗傾囊相授，使易思腦今日得以有機會在台灣為民眾的大腦健康盡一份力。在此，一併向前輩們致謝及致敬。

相信這本書可以帶給讀者們許多難得的知識，並且了解原來透過大腦的訓練，可以讓我們將壞情緒轉化為好情緒，讓上班不再是一樁苦差事，而是可以充滿樂趣的藉由工作的過程，使人生越走越豐富和成功。

關淑君．易思腦科技股份有限公司董事長兼創辦人

—作者序—

焦慮的人活在未來，憂鬱的人活在過去，快樂的人活在當下！

健康的我們經過一夜好眠，起床時面對新的一天到來，心中應該已經充滿了足夠的能量，精神奕奕的準備好要度過完美的今天。可惜多數時候，我們卻是帶著沉重的心情、無奈地告訴自己，今天將還是和昨天一樣，苦悶又無聊，種種壓力讓生活毫無樂趣可言，這樣的日子不知何時才能改變？

在當今的職場環境中，許多人為了前程在奮鬥時，經常會疏忽自己的狀態，讓身心出現問題，產生了各式各樣的文明病。那些文明病的「症狀」會使人非常不舒服，但卻又說不上是不是真的生病。總覺得身體哪裡怪怪的，一開始，是工作力不從心、生活提不起勁、身體上視力減退、記憶力衰退、肩頸痠痛等，接著是偶爾會出現失眠、焦慮或憂鬱等情況，嚴重時可能需要服藥來緩解症狀。殊不知，這些身體上在醫院檢查不出來的不適和疼痛，或許都和腦神經網絡的不平衡有關，因為神經網絡的疲勞和退化，而引發身體上的諸多不適。

如何讓生活變得更好呢？從近年來大量的文獻和實證研究當中，得到的答案是：**只要大腦健康就好**。但要怎麼做到這件事？**其實大腦是可以訓練的，就像我們的肌肉一樣，透過運動可以變得強韌**。

透過腦波訓練的新技術，可以改善大腦功能，強化及活化它的神經網絡，刺激新的神經元產生，同時增加大腦的儲備能量。**在繁忙的壓力生活中，培養如何與各種壓力共處的能力成為一門很重要的功課**。只是多數人還不知道，要如何才能增進大腦的力量。**神經回饋的大腦訓練，就是在累積和強化大腦神經堅韌性的儲備量，使我們可以承受較大的壓力、保有大腦的彈性和認知記憶力、專注力，展現出最佳狀態，並產生具有創造力的思維**。

要照顧我們的身體，勢必得先照顧好大腦。**許多人認為大腦一旦發育完成就不再變化，事實並非如此。**真相是：「大腦一直在改變」。相同的壓力，有人可以安然度過，有人卻一蹶不振，差別在於大腦的堅韌性，更白話的說是：「腦本」。這會決定一個人遇到挫折與挑戰時，是讓大腦發揮最好效能去解決問題，還是就讓壓力殺死腦細胞？「大腦衰退就沒救」已經是過時的知識。**我們的大腦是一個非常有智慧的器官，它擁有極強的學習力，也具有驚人的可塑性，它隨時可以接受新的挑戰、學習新的事物。**

在人的一生中遇到的絕大多數問題，都是大腦的問題。注意力不集中，可能是大腦注意力網絡出問題；晚上失眠，可能是預設模式網絡出問題；工作上絞盡腦汁也無法規畫出好的方案，可能是執行功能網絡出問題。有時候，你連續幾天都開心不起來，世界看起來一片灰暗，可能是突顯網絡出問題。

沒有人天生就有完美無缺的大腦，每個人的大腦或多或少都有點不完美，但透過大腦訓練，我們都可以趨近完美。

目錄

Chapter 1

心很累，其實是你的大腦倦了！(Brain Fatigue Syndrome)

Chapter 2

潛意識，正不知不覺影響你的行為
（SUBCONSCIOUSNESS）

Chapter 3

職業倦怠三部曲：無力感、無助感、無望感 (Rumination)

Chapter 4

練習正念，活絡大腦網路，迎接嶄新生活（Network）

Chapter 5

終結大腦疲勞：保持信念與健康

(To beat brain fatigue)

大腦健康自我檢測表：

工作有心無力，大腦疲勞讓你不想努力了嗎？

以下題目是關於大腦是否出現疲勞的評估問卷，請依據你目前的狀況，逐題回答，並把填入答案「是」的總數加總起來。，「是」代表1分，「否」代表0分，最後計算「是」的總分。

1. 我覺得疲倦。	是□	否□
2. 我需要花很多力氣思考。	是□	否□
3. 我生理上感覺很勞累。	是□	否□

題目	是	否
4. 我覺得我做事提不起勁。	是□	否□
5. 我感覺不健康或不適任。	是□	否□
6. 我忙碌一天後，常不知道今天做了什麼。	是□	否□
7. 我做事情難以集中精神。	是□	否□
8. 我感覺虛弱。	是□	否□
9. 我每天做不了很多事。	是□	否□
10. 我的注意力很容易分心。	是□	否□
11. 我休息時腦海中仍不斷浮現想法。	是□	否□
12. 我對於生活感到茫然。	是□	否□
13. 我的產能偏低。	是□	否□
14. 我沒有慾望去做任何事情。	是□	否□
15. 我容易胡思亂想。	是□	否□

大腦健康損益自我檢測

0－2分	恭喜你！目前大腦很可以。
3－6分	**輕度腦疲勞**：你應該放慢生活步調，確保有充足的睡眠以及回歸健康的生活型態。
7－10分	**中度腦疲勞**：除找回健康生活型態外，應進行大腦保健，並學習冥想放鬆技巧。
11分以上	**重度腦疲勞**：你需要尋求專業的協助。

你可能是大腦疲勞者，得分越高表示越疲勞。但請注意！以上自我檢測量表並不適用於所有人，測驗結果也無法顯示受測者完整的大腦健康狀況。這項檢測僅是幫助你了解自己的大腦健康損益狀況。請勿以本書之保健建議取代專業醫療建議，讀者應進行自我評估，並審慎考量接受專業協助。

工作的燒腦指數是多少？你的大腦健康嗎？

開始燒腦時，腦袋總是停不下來，隨時都在擔心天要塌下來，工作表現不如預期的好，或者擔心自己沒有達到心中理想的標準，於是就把工作一直往後拖延，直到最後一刻，才發現一件工作做完還有另外一件工作等著，時間永遠不夠用，只能拼命的加班。日積月累的疲憊，心理與身體的健康也亮起了紅燈。筋疲力盡（或稱過勞）英文稱為「Burn-out」，意思就是一直燃燒自己（Burn），直到出局（Out）。一開始在職場上熱情洋溢，奮力向前衝；但後來發現一直衝到最後，好像燃燒自己卻也照不亮別人。其實即使精疲力盡，只要不心灰意冷，就還有希望再次活過來。

在工作上讓人們心累的，不是我們的心，而是「大腦」。我們常說的「過勞」，其實是來自於「腦疲勞」。剛剛的檢測，你有腦疲勞的跡象嗎？如果有，那麼你可能已經開始感到「心累」了。人類的大腦也和手機很像，應用軟體APP搭載在硬體手機上。唯一的差別是：手機可以舊機換新機，但大腦只有一顆，而且無法移植。也就是，這輩子大家都只能使用一顆大腦。

手機過熱時，大家都知道要關機降溫；而腦子燒過頭時，卻都放任它繼續燃燒。看來，我們對手機的愛遠超過對於腦的愛。現在請回想手機桌面上，有幾個APP軟體？你能回答得出來嗎？還是想不起來呢？如果是，那還蠻正常的。因為這些程式帶給我們便利，便利到我們都是下意識自動化的使用它，甚至沒有仔細觀察它在哪。大腦也是一樣。如果有一天，大腦無法順利使用或者開始卡卡的，可能是大腦老舊或開始出問題了。

以前的你和現在不一樣，大腦一直更新中

一生當中，我們的身心都會隨著時間過去而產生變動，而這些變動幾乎很難覺察。像是血液裡的紅血球，經過幾個月就會全數更新；皮膚也會在幾個星期後會長出新的。但在這些過程中，我們並沒有意識到這些變化，每個人保有的獨特個性和經驗，是由大腦裡的神經細胞組合而成，這些神經細胞就好像每塊積木般，有大有

小、有不同的顏色，但是你想將它組合成什麼樣子，都和個人的經歷和所學有關。

現代人越來越長壽，平均餘命也越來越長，這種狀況就會對大腦的生存產生挑戰。因為許多神經或精神疾患，都是攻擊我們的大腦。而且這些疾患到目前為止，醫療還是束手無策。甚至不知道為什麼面對壓力時，有些人的大腦特別脆弱、容易受到影響，如果外在壓力或外在因素是一群敵軍，當他們可以選擇要攻打的部位，就會挑軟柿子來攻擊。此時，若有強健的大腦，可能就不會被敵軍當作病貓。當身體尚健壯時，先儲存一些腦本戰力，就比較不需擔心這些壞東西偷襲你的大腦。而這個預存腦本的概念稱為「大腦儲備（Brain reserve）」或「認知儲備（Cognitive reserve）」。腦本越多，老本越多，越不怕突如其來的退化。認知儲備或大腦儲備，腦本的老本可以作為「大腦韌性」的指標，就像銀行存摺的餘額，你有多少的財富可以實現自由，是所謂健康的自由，全看你何時開始投資健康。

Chapter 1

心很累
（Brain Fatigue Syndrome）
其實是你的大腦倦了！

說明職業倦怠的現象，有哪些狀態產生代表你的大腦累了？以科學角度從大腦疲勞切入講心累感。

如何重新拯救過勞的大腦？

建立最佳神經網絡，提升身體活動量，讓大腦運作更順暢。

我做了什麼事會產生職業倦怠，一種是心累、另一種是太燒腦。身體不舒服可以請病假，但是心若倦了，可以請病假嗎？工作上有身體勞動，但有些時候是心理勞動，甚至是情緒勞動；即便心情狀況再差，都還是要保持微笑，不只燒腦，還很傷心。

工作時，有些人會樂在其中，有些人會覺得生不如死；但不工作的時候，卻又開始覺得有壓力、不快樂。同樣是在工作，一樣要付出勞力與腦力，情緒或行為表現，為什麼差異會如此大？差別在於你是否喜歡現在的工作。因為再夢幻的工作，對另一群人來說，也會有不可思議的一面；再難搞的工作，也有一群人迫不及待投入更多時間與精力。差別在於我們如何解釋工作內容，而我們怎麼看待工作壓力，則與大腦息息相關。

工作，就是要完成一件任務，無論是這件任務是自己想完成，還是別人希望你完成，而要達成任務需要耗費能量與心力，除了身體付出勞動力，也需要不斷消耗腦力，各式各樣的工作，腦都在運轉著。

身體的活動量增加，大腦的運作也會較健康。大腦需要能量和養分滋養，而且還用得比身體其他器官還要多。身體活動量提升，或者培養規律運動的習慣，可以增加新陳代謝，降低體脂肪和膽固醇，也能提升心臟的效能。

整合大腦神經的平衡，重新開機！

德國神經生理學家弗朗茲．約瑟夫．加爾（Franz Joseph Gall）提出顱相學（Phrenology）概念，率先研究大腦不同區域的心理功能。現在隨著腦影像科技的進步，開始探索大腦不同區域的功能，透過不同的腦影像技術探索大腦各區域所負責的心理功能，則被稱為「現代顱相學」。**我們常聽到：「相由心生」，對於神經心理學家而言則認為：「心由相生」。人類行為的心理功能，皆是受到大腦面相所影響。**

諾貝爾生醫學獎得主埃里克．坎德爾（Eric Kandel）：「所有心智功能，背後都有相對應的大腦區域。」大腦是人體中最複雜的器官，而且可能是人類所知最複雜的系統。大腦由數千億個不斷互相發送訊號的神經元組成，神經系統的基本單位是神經元（Neuron），這些神經細胞組成的大腦，透過化學傳導與電位脈衝的方式接收及傳遞訊號，使我們能夠學習記憶、處理當前的感官訊息、因應情緒和計畫未來，這些都形成了我們的心智。

大腦不斷接收外在訊息，整合並重新連接現有的知識，再將自己和周圍環境的所有內容整合到個體經驗中。這樣的歷程，建構出獨特的經驗以及現實感受，塑造個體如何看待周圍環境，並藉由過濾外在的訊息，凸顯與自己切身相關的訊號。依據個體的思考、情感、慾望和經驗，大腦最後會驅動行為，在下意識控制行為反應。甚至當個體進入睡眠狀態、做夢時，大腦也不是呈現靜止休息，而是仍舊不斷持續活動。在臨床上，大腦複雜到需由四個專業科別來照顧，精神科、神經內科、神經外科與臨床心理科。

美國心理學之父威廉・詹姆士（William James）曾說：「神經連結能做的唯一事情，不是深化舊有的神經連結路徑，就是創造新的連結路徑。」

最佳的心理健康與認知功能狀態，可增進神經成長、整合神經網絡並且精緻化。從神經心理學的角度，就是情緒、認知、感官與行為等交互作用，**在神經興奮與神經抑制之間取得平衡，彼此能夠整合溝通，達到最佳化的結果，也就是所謂的「大腦優化」**。

回顧過去神經學的研究歷史，要了解大腦幾乎只有在人受傷或死亡時，才能透過手術解剖來了解病兆，也藉此推論大腦區域可能負責的功能是什麼。隨著科技進步，現在不需要用這樣的方式研究腦功能，而是可以透過腦影像的方式來研究大腦。透過影像處理技術、數據分析程序和演算法的進展，可以採用非侵入性的方式來看大腦的結構及功能。像是掃描多次X光的「電腦斷層（Computerized Tomography, ＣＴ）」；利用大腦組織裡水的氫分子的核磁共振情況來成像的「核磁共振造影（Magnetic Resonance Imaging, ＭＲＩ）」，都是以非侵入性的方式來看大腦結構。這類的造影技術具有良好的畫素解析，但相對需要較長的時間拍攝。

另外一種腦影像技術，則是透過腦電圖（Electroencephalograph, ＥＥＧ）」，腦電圖是利用放置在頭皮上的電極，記錄大腦的電位活動模式。透過腦波的分析就能知道大腦皮質的活動樣貌，因為腦電圖反映了大腦網絡中，許多不同的神經元藉由電訊號互相傳遞訊息的型態。腦電圖最大的優勢是具有絕佳的時間解析度，透過腦波儀可以記錄到大腦對於刺激產生的毫秒反應，就好像在一秒鐘內，從多個記錄腦波的電極，拍攝數百到數千個大腦電位活動快照。因此，腦電圖成為研究大腦認知功能、情緒處理或思考決策等心智歷程發生的時間點。EEG腦波儀器相對於電腦斷層或核磁共振的成像儀器，具有價格便宜、重量輕且攜帶方便的優勢。

大腦主宰著個體的行為、心智和情緒狀態，大腦的活動和神經連結密不可分，大腦神經網絡的調整，是影響個體行為改變的重要關鍵。過去認為要以非侵入性的方式訓練大腦功能幾乎不可能，多數都需要依賴侵入性的治療或透過藥物改變心智功能。但近年來，行為醫學及神經科學的快速進展，使得現在可以以非侵入性的方法優化大腦，這樣的技術稱為「神經生理回饋訓練（Neurofeedback）」。

大腦就像一間公司，跨部門溝通很重要

神經線路裡的神經傳導物質，就像焊接專家，常用的線路要接起來，少用的線路則要定時清理。

大腦雖然是一個器官，但運作就像是在經營一間企業，大腦僅占體重的二％，卻需要耗掉身體二〇％的能量，而心臟輸出的血液中，有二十五％幾乎都送到大腦。如果以公司部門來看，大腦就是所謂的「總部」。

公司運作中有不同的部門需要彼此合作，所以大腦也可分為許多部位。首先，大腦分為左右半球，就像公司需要左右手一樣，而左右半腦由四個不同的「腦葉

（Lobe）」所組成。其中包含了額葉（Frontal lobe）、頂葉（Parietal lobe）、枕葉（Occipital lobe）和顳葉（Temporal lobe）。我們把這四個不同的腦葉當作大腦公司裡的四大部門，這四大部門掌管了接收、判斷、定位及決策四大功能。而分隔腦葉與腦葉的間隔，則稱為「腦溝（Sulcus）」，就像公司部門首腦與部門首腦之間，總是會有一條看得見或看不見的溝。

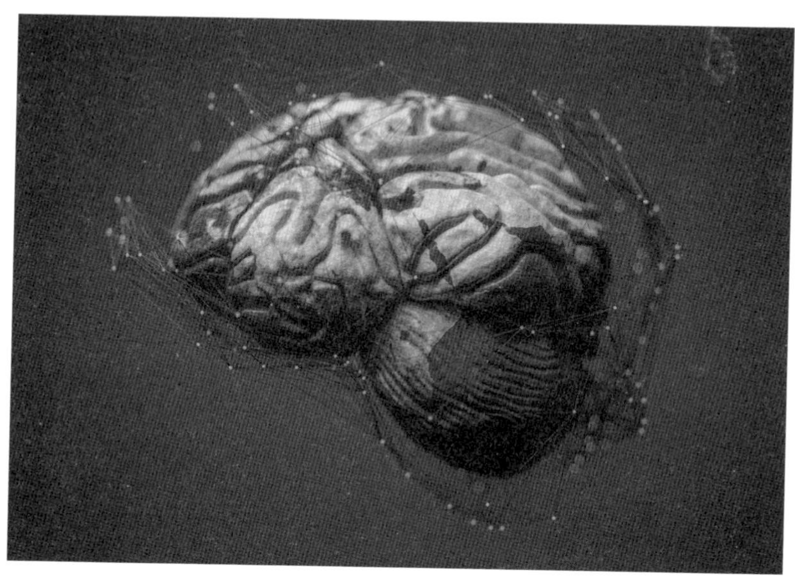

如果用地理的術語來形容，大腦外觀的型態有高山平原、山谷平原地層等組合，這些高低起伏的皺褶形成了地貌，有如人類大腦般凹凸不平。

四大部門的主要負責範疇是什麼？

如果今天有一批貨進到公司，你一定會先看到這批貨長什麼樣子，然後接著就會先了解這批貨什麼時候訂的？這批貨是原料還是半成品？要放到哪裡？最後決定如何加工或組裝，該銷售到哪裡？這一連串的工作流程，其實也是大腦不同腦葉在運作的基礎模式。

看到這批貨長什麼樣子，就是大腦枕葉在負責的視覺訊息處理。而判斷這批貨是什麼，就是在進行「物體辨識」，而要放到哪裡去就是「空間辨識」，最後要賣到哪裡就是「計畫決策」；而物體辨識屬於顳葉的管轄範圍，空間辨識屬於頂葉在負責，最後決策拍板定案就屬於額葉在下達。所以額葉最前端的區域，就被稱為大腦的總指揮。

◆第一部門：額葉（Frontal Lobe）

額葉是人類大部分有意識的思想和決策的區域。額葉包含大多數對多巴胺敏感

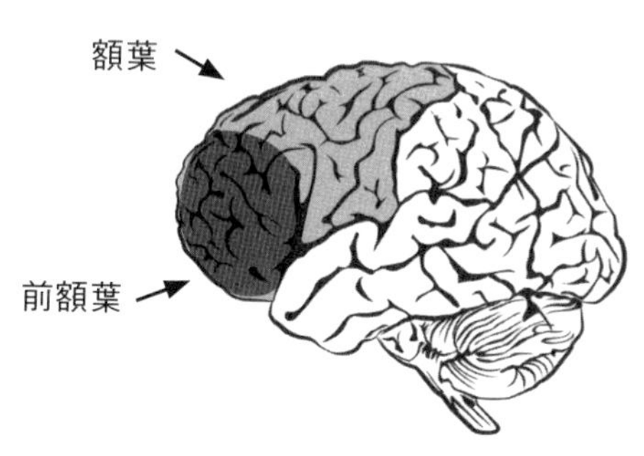

的神經元，而多巴胺系統負責與獎賞、注意力、短期記憶、計畫和動機相關的任何認知處理，因此這是非常重要的大腦部位。額葉在四個區域中面積最大，負責計畫、推理、組織、決策、記憶、創造力、控制行動與調節情緒，以及其他高層次的思考和記憶歷程。

其中在額葉前方有個叫前額葉的地方，是最晚發展成熟的腦區。所以兒童青少年可能忘記帶聯絡簿和作業回家，到了晚上才想起來忘記帶東西，這都是因為額葉的區域尚未發展成熟，大腦還沒有完整計畫的能力。換個角度想，當你在工作上發現組織規劃能力變弱，常忘了現在要做什麼，可能是在額葉的這個區域開始勞累囉！

◆第二部門：頂葉（Parietal Lobe）

負責統合、分析與辨識身體所傳達的感覺訊息。頂葉是唯一與其他三個腦區都有連結的腦葉，所以會與各區域進行較複雜的訊息傳遞。頂葉皮質負責統合、分析與辨識身體所傳達的「感覺訊息」，需要執行手眼協調的空間任務需要頂葉來整合。

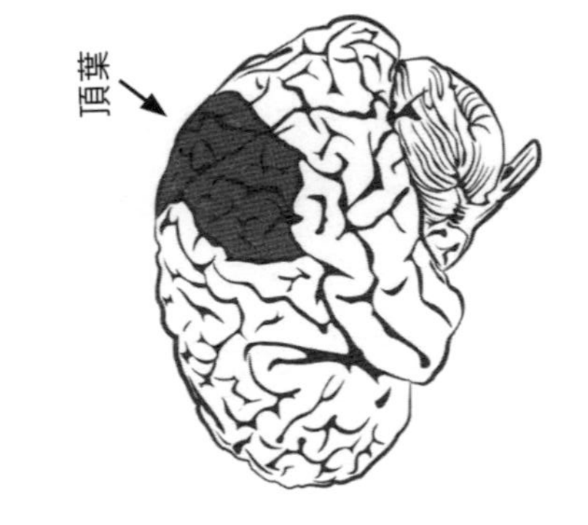

◆第三部門：枕葉（Occipital Lobe）

枕葉是大腦的視覺處理中心，位於顱骨後方，包括基礎的視覺空間處理、顏色辨識和動作感知，我們所見的任何事物，視覺區會先接收視覺訊息加以辨識，並進行綜合判斷，向相鄰的頂葉與顳葉傳達資訊。

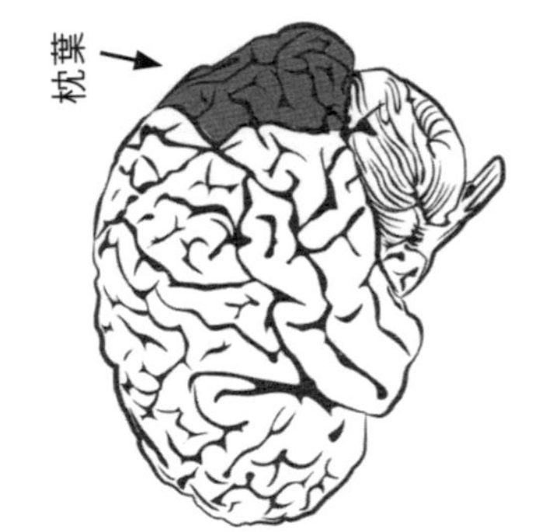

◆第四部門：顳葉（Temporal Lobe）

顳葉位於二耳側邊，執行與聽覺相關的訊息處理與辨識。另外，顳葉也處理味覺、嗅覺和語言理解等功能；而在顳葉聯合區中與海馬迴有神經聯繫，在長期記憶處理上也扮演重要角色。左顳葉皮質的溫尼克區與文字和口語的理解有關，該區域的損害會造成溫尼克失語症（Wernicke's Aphasia），導致患者無法理解語言。

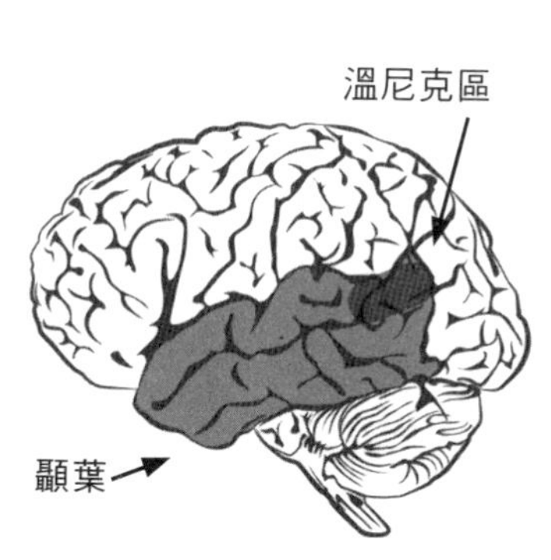

神經元的訊號傳遞掉棒，如同網路斷線天下大亂

而跨部門溝通，又是用什麼溝通呢？就是需要透過電線，這些腦葉的下方是由許多神經元纏繞而成，就像電線捆成的線圈，在大腦裡不稱為線圈，而是稱為「網

絡（network）」與「神經核（nuclei）」，因為需要將很多神經線路放進有限的大腦空間裡，所以大腦看起來會皺皺的。

每條神經線路（神經元）都是由複雜化合物構成，這些化合物的組成關係超級複雜，但是要能讓神經線路能夠接通，便需要依靠神經傳導物質（neurotransmitter），**這些神經線路裡的神經傳導物質，就像厲害的焊接專家，常用的線路要接起來，少用的要清理，或者還沒有要用到的就先收好。**而這些負責把線路接起來或者收好的神經元，稱為「興奮性神經元」或「抑制性神經元」，所以大腦裡包覆的這些神經元，會讓大腦一直修修剪剪。如果讓興奮性神經線一直修修修，就會感覺到燒腦；如果讓抑制性神經線一直剪剪剪，就會感覺到很遲鈍。每個線路裡的神經傳導物質，都搭載著訊息要怎麼編碼的密碼，這些化合物質和人類的感覺思考運作密不可分。

因為腦由大量神經元組成，彼此的交流連繫又是透過神經，這樣盤根錯節的神經相互交流，就會產生化學反應，而這些化學反應產生的電訊號稱為「動作電位（action potential）」，把訊息一棒接著一棒傳遞給下一個神經，直到完成任務抵達目的。而這樣傳遞訊號下去，就會擦出愛的火花，這種火花像極了愛情，類似觸電的感覺。但是時代在進步，可以透過腦電儀器來記錄訊號傳遞時的電訊號。就好比在愛情裡有人一直在放閃，你只要在旁邊拿著相機拍下來就可以看到他們走過的足跡。**腦電圖就是在記錄當下神經元和神經元之間相處的模樣，有時神經元相處和諧，有時各唱各調，會激盪出不同的頻率，而不同的頻率就會有不同的感受。**

大家會好奇神經元這樣一棒接著一棒，萬一掉棒了怎麼辦？掉棒就代表訊息傳到一半終止，或者中途遇到障礙無法跨越。如同公司網絡線斷掉了，或者上班途中道路出現問題，那一定會造成大亂。

會有這樣的現象，通常是外在因素或內部因素使然。外在因素，一般是受到外力創傷、接觸到有毒物質、中風或者腦部有腫瘤等，使得發送訊息的線路中斷。內部因素，則是本身要傳遞的訊號太奇怪或傳錯訊號，像是一個人接受到假消息，信以為真就是一種不良的訊號傳遞，因為神經和神經的溝通會產生一定的默契，而這些溝通最終都將產生學習效果，這些學習又形成了記憶和經驗。但傳遞訊號出現問題會讓大腦變得很累、很疲勞，因為會使用錯誤的方法去因應外在刺激。但人生不等同於數學，不可能一直錯就變得負負得正。所以才說：「預防勝於治療，早期發現早期治療，不要放棄治療。」

大腦知識

讓大腦接收到刺激，可以讓神經分配到適合的地方，讓神經迴路溝通是有效能的，才能夠頭好壯壯。如果神經元傳遞訊號太奇怪，嚴重還會出現短路的情況，接著產生焦慮、憂鬱或嚴重心理精神疾患等。

大腦若受損，將影響記憶儲存與決策反應

隨時覺察大腦反饋的警訊，記憶中斷、個性改變，都很有可能是大腦疲勞的前奏！

人之所以為人，有情感、有思考、有語言、有互動，一切都是因為「大腦皮質」。爬蟲類的腦只有腦幹和小腦，只負責生理基本需求和繁衍下一代，而哺乳類的腦多了「邊緣系統」，因此也會產生情緒反應，就像寵物貓咪和狗狗，會和人類有情緒的互動。而人的大腦，又多了「新皮質區」，所以擁有語言，可以透過說話進行語言溝通，也能夠思考，人類世界如此豐富的原因也在於此。如果沒有大腦會

如何？想像自己沒有了記憶、沒有了情緒、沒有了思考，只剩下呼吸心跳，那剩下的人生算什麼？

大腦受創，將使性格大變！

一八四八年九月十三日，一名二十五歲的鐵路維修工頭蓋吉（Phineas Gage），正準備進行岩石爆破作業，然而，因為同事一時疏忽沒有做好防爆措施，導致一根長四十三英吋用來點燃引線的鐵管爆開，這根鐵管直接插入蓋吉的左邊臉頰，從左邊額葉頭頂穿出，落在八十公尺外的地上，鐵管將蓋吉的頭骨與臉射出一個大洞。

幾分鐘後，蓋吉竟然起身說好痛，意識還很清醒！驚嚇之餘，大家手忙腳亂地送蓋吉到診所醫治。在哈洛（John Martyn Harlow）醫師細心的照顧下，蓋吉除了左眼失去視覺和臉上留下很深的疤痕之外，哈洛醫師認為蓋吉已經恢復健康了。

經過幾個月的休養後，蓋吉重返職場，但蓋吉的朋友們都發現不對勁。他們發現「這不是蓋吉」。原本朋友們所認識的蓋吉是位謙遜有禮，對於工作與同事很熱情且精明的人。但經過工地意外後，蓋吉的個性出現巨大轉變，個性開始變得懶散，行為不檢也開始酗酒，導致蓋吉失去了原本的工作，過著悲慘的下半生。蓋吉的事件，讓當時的神經科學專家開始注意到腦部創傷與人格改變的關聯，更開啟了往後大家對前額葉與行為控制有更多的認識。

顳葉代表：H.M.

一九五三年九月一日，亨利．莫萊森（Henry Molaison，簡稱H.M.）的日子從此停在這天，他因為罹患大發作癲癇，也稱為「強直陣攣型癲癇」，癲癇症狀困擾了H.M.將近十年的時間，嚴重地影響了H.M.的工作與獨立生活能力；家人帶他四處求醫，後來主治醫師認為他癲癇發作的位置在顳葉內側，因此提出實驗性的手術治療方式：切除顳葉與海馬迴，希望能藉此阻止癲癇的發作。

手術似乎奏效了，癲癇發作的頻率真的降低，而且似乎沒有什麼太大的副作用，H.M.的語言溝通和智力等，都沒有受到嚴重的影響。但後來卻發現更嚴重的狀況，H.M.手術之後，再也無法產生新的長期記憶。H.M.可以記得一些事，像是小時候發生的事、手術發生前的歷史事件等，但H.M.卻再也無法形成新的記憶了。像是如果有人來醫院探望他，在打過招呼沒多久，就會忘記他們剛剛見過面。對於H.M.而言，新接收到的訊息只能維持30～60秒鐘，成為永遠活在現在進行式的人。

也因為透過H.M.事件，讓神經科學能夠對於記憶形成與海馬迴的關聯有更深入的了解。

枕葉代表：T.N.

T.N.是一位醫師，他經歷了二次中風，而中風的區域是在枕葉，第一次影響了左半枕葉，右半枕葉仍可以處理視覺訊息。但也不知道是上天在跟他開玩笑，還是為了創造後代神經科學的進步，在中風一個月後他又經歷了另一次中風，而且剛好幾乎是在右半腦和左半腦相對稱的位置。

在二次中風後，T.N.開始無法覺察物體的活動、顏色，甚至看不到強光，他的枕葉失去功能，但他視覺系統的感光功能仍很完善。也就是他的眼睛可以聚集和記錄光線，但他的視覺皮質卻無法處理視神經傳來的資料。他的眼球與視神經的功能都完好，但視覺皮質卻壞掉了，這稱為「大腦盲」。像這種狀況下，是否能夠辨識人臉的情緒，因為如果無法進行視覺辨認，那是否無法察言觀色？結果發現這種情況下，已經無法辨識臉孔的人，卻還是能夠覺察臉部的情緒[1]。讓我們知道在潛意識裡，大腦的確幫我們做了許多事情。

在上班工作過程中，燒腦的程度雖不至於到腦損傷，但是也會產生大腦疲勞。

1 Pegna, A. J., Khateb, A., Lazeyras, F., & Seghier, M. L.（2005）. Discriminating emotional faces without primary visual cortices involves the right amygdala. *Nature neuroscience, 8*(1), 24–25. https://doi.org/10.1038/nn1364

有些人在交辦事項，正在說明執行計畫時，有時會突然忘了自己要說什麼；又或者是開完會後，需要回想一下剛剛聽到的會議重點是什麼？或者事情講到一半，接了一通電話後，馬上忘了剛才講到哪裡？準備遞交的文件明明已經仔細確認過，但最後卻發現內容缺東缺西，該填寫的地方還是有遺漏。或是你發現身邊同事，以前個性溫文儒雅的好好先生或女士，也不知道為什麼逐漸性格丕變，容易煩躁易怒不耐煩，情緒不穩定愛生氣，甚至喜歡碎碎念，但也不知道自己在講什麼？這其實都是大腦發出「你累了嗎？」的訊號。此時，大家需要的不是能量飲料，而是需要好好了解自己的大腦，想要傳達什麼警訊。

訓練腦波節奏的快慢，讓腦力直線上升！

適時增加 Alpha 頻率的運作，可以減輕壓力，讓你進入完全放鬆的狀態。

腦波圖是我們可以觀察大腦中神經元的活動，腦電圖的蒐集方法是把微小的電極貼附在頭皮上接收腦波。大腦有許多的神經線路，彼此溝通時就會產生電訊號，而現在的技術可以透過設備把這些電訊號蒐集起來。前面介紹到大腦有各個腦區，而每個腦區都用神經線路溝通，所以從位置（腦區）和振幅頻率（腦波）就可以窺探出大腦的功能。就像要偵測地震的震央以及什麼地震的類型，但地震波和腦波不太相同的是，腦波是無時無刻都在產生，不論是清醒或睡覺時，只要大腦還在運作，大腦神經就會產生電訊號，而腦電波就是對大腦內正在進行活動的一種測量。西元一九二九年，德國的精神科醫師漢斯・貝加（Berger Hans）在人類的頭蓋骨上量測到腦波，發表在德國期刊上，這是首次公開文獻記載人類的腦波記錄。

不同類型腦波，讓你放鬆或產生焦慮

目前人類腦波常見的有四大類：Delta 波（1-4 Hz）、Theta 波（4-7 Hz）、Alpha 波（8-12 Hz）、Beta 波（12-30 Hz）。還有比較少見的 Gamma 波（30-100 Hz）。

Alpha 波是屬於放鬆的腦波。處於身心放鬆而注意力集中的狀態，當你放鬆休息、閉眼或者瀏覽書籍雜誌時，這時的大腦會處於 Alpha 狀態。Beta 波是大多數人生活中在處理外在刺激出現的腦波，它可以讓我們專注於當下要完成的事物，也是現代人忙碌生活的頻率。因為Beta是比較快節奏的腦波，所以當大腦要處理外在的訊息，神經元就要各自負責自己的工作，這時腦波就會呈現快節奏的模樣。想像大腦神經元就像是辦公室裡的每一位同事，一個部門的辦公室在負責一項任務，每位同事都會發出自己的聲音，此時聽起來就略顯吵雜。

Beta腦波是處理外在訊息時會出現的腦波頻段，因此會消耗我們的精力，增加焦慮感受，以及降低情緒覺察或創造力。**當我們要休息的時候，如果大腦無法從Beta波逐漸轉換成Alpha波，通常會出現一種狀況，就是到了休息時間，腦袋還停不下來。**許多人會覺得躺在床上準備睡覺，但是大腦好像還是沒有辦法停機，這時可能就會出現失眠或焦慮等情況。

當我們成功入睡後，大腦就會出現Theta波和Delta波，這是睡眠狀態常會出現的腦波；想像這間辦公室，突然有一位指揮，要求每位同事同步做相同的事情，這時候大家動作一致，產生所謂的「同步化」，這種同步化就會產生Theta和Delta的腦波。

而當我們在做很熟悉的事物時，像是開車在熟悉的路上，Theta 波也可能會出現，因為 Theta 波介於意識與潛意識的邊界。此時，意識做的事情可以暫時從動作中跳脫，這種狀態下偶爾會讓我們激發出靈光乍現的點子。而我們常說的「腦波弱」，可以從兩個角度來看。一種是清醒的狀態下，出現像 Delta 這樣的慢波，可能代表著大腦功能有受到損害，所以才有腦波弱的狀況。另一種狀況則是腦波的協調性不佳，導致在做判斷的時候，常會出現誤判的情況。

腦區與腦電波就像齒輪般，相互影響

探索腦波就有機會重新塑造大腦功能，因為大腦的神經運作會產生腦電波，而腦電波型態從高頻率低振幅，橫跨到低頻率高振幅，處理不同的任務或不同的腦區運作時，就會產生這些腦波訊息。而透過神經生理回饋進行自我調節，透過調整腦波可以影響身心功能，因為我們的心理會影響生理，而生理狀態也會影響心理表

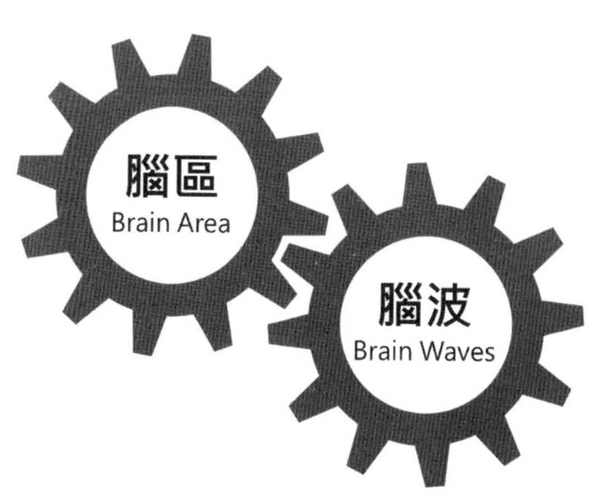

現。某一大腦腦區產生腦波，從腦波可以知道大腦功能性的狀態，而透過腦波的調節，也能讓特定腦區的功能進行提升或恢復功能。

之所以能夠這樣，是大腦神經具有再組織能力，稱為「神經可塑性（neuroplasticity）」。也就是透過訓練學習，可以調節神經元的連結方式，大腦裡的神經連結會因為經驗不同而改變，能夠有這樣的彈性，依靠的是神經「突觸新生（synaptogenesis）」跟「神經新生（neurogenesis）」的能力。就好像大腦裡的各部門，總會加入新血一起努力，但要加入什麼樣的成員，就會依據部門裡的目標不同，而產生不同的組織網絡，以達到目標。

該如何調節腦波呢？有一種新科技的大腦訓練方法稱為「神經生理回饋（Neurofeedback）」，透過非侵入與非藥物的方式提升大腦功能。可以把大腦訓練想成一種腦波訓練，這種訓練方式是在頭周圍貼上可以蒐集腦波訊號的電極貼片，這些貼片僅是蒐集腦波訊號，本身是非侵入性而且也是無痛的；接著在接受訓練時，透過腦電圖儀器的腦波訊號即時分析，會將腦波的特徵與資料庫進行解讀與比對。於是，受訓者可以獲得這些特徵的回饋，**透過這些回饋知道自己大腦當下的狀態，經過不斷的練習，腦波受訓者逐漸學會如何調節自己的大腦，讓腦力保持在最佳狀態。**

例如，將腦波的頻率調高，增加 Beta 頻段的運作，創造一種高度警覺的狀態，但凡事有一體兩面，過多的 Beta 也可能增加焦慮或亢奮的程度。而將腦波頻率調緩，像是增加 Alpha 頻率的運作，則可減輕壓力，讓個體進入完全放鬆的狀態。

不吃藥，也能訓練優化大腦功能

藉由神經生理回饋訓練，調節心智功能，有效提升注意力、記憶力、創造力

神經生理回饋（Neurofeedback）透過心理學操作制約（Operant conditioning）的學習理論，藉由立即回饋及增強技巧，提供大腦活動訊號的回饋。**受訓者可以藉由聲音、影像回饋，學習控制腦波型態來調節心智功能，練習效能較低的腦區，提升該區腦波的運作效能。**

經由神經生理回饋獲得自我控制，進一步能夠調節腦波的振幅與頻率，並將這

些調控的技巧運用於日常生活中，最後能夠藉由神經生理回饋學習到的自我覺察來提升大腦自我調節能力。也就是讓腦波頻率正常化，間接增強大腦網絡結構，使大腦皮質各區域的功能持續優化。

神經生理回饋有五個處理階段：蒐集大腦訊號、訊號即時分析、腦波特徵提取、產生回饋訊號以及受訓者適應學習。透過這五個循環過程，腦波儀可以將大腦的資訊轉換成回饋系統，傳遞給受訓者，受訓者透過該回饋系統調控自身腦波型態的操作循環。神經生理回饋皆有應用在臨床領域和非臨床領域，臨床領域發現神經生理回饋訓練可以緩解身心症狀，並且提升大腦功能。

而在非臨床領域，則是用在健康促進與能力增進，像是提升注意力、記憶力、創造力或藝術表現等。因此，許多國家將神經生理回饋訓練用在體育國手的能力提升，或是增進音樂家與舞者的表演創意。

整腦，定期替大腦進行大掃除！

大腦訓練就像是中醫調理的概念，透過「整腦」來改善不適的症狀，只是神經生理回饋的整腦，是透過非藥物與非侵入性的方式，重新整理大腦，就像是替大腦進行大掃除。而透過神經生理回饋有機會改善的症狀和疾患有哪些？依據美國應用心理生理學與生理回饋學會（Association for Applied Psychophysiology and Biofeedback, AAPB）出版之「生理回饋與神經回饋之實證等級（Evidence-based practice in biofeedback and neurofeedback）」，定義生理與神經回饋實證治療療效的證據分為五個等級。等級越高，意謂著神經生理回饋對這類型的疾患，治療效果越好，復原的可能性也較高。分類等級如下：

◆ Level 5：有效且明確 Efficacious and Specific

隨機分派與無接受介入控制組、替代治療或安慰劑組相較，針對特定問題與良好的操作定義，清楚且有效的效果；其療效在二種以上的研究情境，治療效果顯著優於安慰劑組或其他治療組別。

- 注意力不足過動症（ADHD）

◆ Level 4：有效 Efficacious

隨機分派與無接受介入控制組、替代治療或安慰劑組相較，針對特定問題與良好的操作定義，清楚且有效的效果。

- 成人頭痛（Adult Headache）
- 焦慮與焦慮疾患（Anxiety and Anxiety Disorders）
- 憂鬱症（Depressive Disorders）
- 癲癇（Epilepsy）
- 高血壓（Hypertension）
- 雷諾氏症候群（Raynaud’s Disease）

◆ Level 3：大致有效 Probably Efficacious

多種觀察、臨床、等待控制研究及重複研究證實其效果。

- 失眠（Insomnia）

- 增進高峰表現（Performance Enhancement）
- 酒精／物質使用障礙症（Alcohol/Substance Use Disorders）
- 自閉症類群障礙（Autism）
- 創傷後壓力症候群（PTSD）
- 耳鳴（Tinnitus）
- 創傷性腦損傷（TBI）

◆ Level 2：可能有效 Possibly Efficacious

至少有一篇統計研究，但無隨機分派的控制組情境。

- 中風（Stroke）
- 慢性阻塞性肺病（COPD）
- 冠狀動脈心臟病（CAD）
- 免疫功能問題（Immune Function）
- 迷走神經性昏厥（Vasovagal Syncope）

◆ Level 1．．無實證支持 Not Empirically Supported

僅在學術期刊之個案研究報告，尚未有嚴謹研究設計之結果。

- 三叉神經痛等神經性慢性疼痛（Trigeminal neuralgia）

這顯示神經生理回饋對於緩解許多症狀是有效的，許多大腦的功能透過神經生理回饋訓練，皆能提升表現以及改善腦波的型態。

在許多精神心理疾患，多數都採用藥物治療，但使用藥物治療也會有限制與副作用。藥物進到體內全身都會受影響，特別是與精神相關的藥物，進入大腦後，無法明確知道真正作用劑量以及影響的大腦區域，可能產生預期以外的副作用。在精神醫療，就診病患多數都採藥物治療，鮮少經過個別化的深入評估，某種藥物的反應不好，就換另外一種藥物試試看，也就是**受到精神心理困擾的患者，開始使用藥物後劑量和種類都會逐漸增加，很難在短時間內降低藥物或不依賴藥物。**

現行的醫療，其實可以簡單區分藥物和非藥物治療，以及侵入性與非侵入性治療。藥物治療是透過藥來治療疾病或緩解症狀；非藥物治療像是心理治療、物理治療、語言治療、職能治療等，促進健康的方法。藥物治療絕對有一定效益，但藥物也不是萬靈丹；現有的身心治療方式，的確讓很多患者抗拒藥物，或者受到藥物副作用的影響。因此對於大腦相關的疾患治療與復健，需要有新的工具和視野，與藥物一起發揮1＋1大於2的效益。而神經生理回饋，就是一種非藥物的治療選擇。

大腦知識

目前許多臨床應用也發現神經回饋的大腦訓練，可以改善注意力缺乏過動症狀、癲癇、失眠等，而這樣的訓練效果有些並不比藥物治療差，提供了一種藥物以外的治療選擇。可將這樣的訓練，應用在想要強化表現力的族群，像是促進創意、運動表現或認知能力的提升。

大腦儲備量充足，就不怕燒腦與提早老化

腦力可用餘額越高，遇到大風大浪就不怕，還能維持日常生活功能。

透過大腦訓練來調節腦波，若沒有儀器設備的輔助，是否能夠學習分辨大腦不同狀態的覺察能力？芝加哥大學的心理學家喬．神谷（Joe Kamiya），就要求參與者盡量誘發自己放鬆狀態的 Alpha 波，每當覺得自己的狀態有 Alpha 波時，就必須告知。研究團隊比對記錄到的腦波和參與者口頭報告的腦波狀態，結果發現透過訓練，個體的確有能力分辨大腦不同的狀態，並且能透過意識加以控制。這樣的發

現，也支持大腦訓練是可以透過回饋訓練來增強，讓自己的大腦持續進步。

心像訓練，也能有效升級大腦

透過訓練與學習，大腦就會相對應產生許多神經突觸。但實際上，光在想像裡預演，大腦似乎也會形成神經連結，只要心理預演的次數多到彷彿已經達成目標，那麼實際的表現就越能成真。這樣的心智訓練又稱為意象訓練，就像運動員會請選手上場前，一再地反覆演練，直到可以把動作做到位。研究顯示，除了身體的訓練，再額外配合心理訓練，更能提升成果。

我們可以藉由專注想像，來練習技能的情境，讓自己變得更強壯或表現出特定能力，即便沒有真的鍛鍊或練習。有一個研究讓受測者透過心像練習或意象訓練，來提升肌力表現[2]，研究人員讓受試者想像自己在運用肌肉，他們將受試者分為兩組：一組想像自己的手指在一個平面上使力；另一組則真的把手指放在平面上用力，來訓練肌力。想像組持續練習十二週，每週練習五次，每次十五分鐘。結果顯示，透過想像練習手指的增加了三十五％的肌力，而實際訓練組，指力增加了五十三％。研究人員解釋，即使肌肉沒有動作，只是想像自己在做動作，這種大腦訓練也能增進皮質輸出訊號（這稱為心像練習），提升肌肉表現。

另一個令人印象深刻的研究結果，是以鋼琴演奏者為研究對象[3]。研究人員招募了一群職業鋼琴家，請他們練習一首樂曲，然後表演。但是其中半數鋼琴家是用頭腦練習，另一半則是在鋼琴上練習。用頭腦練習的那組鋼琴家，不但彈得很好，甚至跟實際用鋼琴練習的那組一樣好，動作的速度、時間掌握和預期模式都有進步。在腦中演練樂曲對鋼琴家來說，和實際在鋼琴上練習一樣重要，雖然不可能憑空想像，但是心像練習的好處是避免雙手過度使用和身體疲勞。

保護大腦，預防神經發炎與退化

我們常說很燒腦，但為什麼頭腦一直這樣燃燒，有些人卻依然可以腦筋動得很快？是因為他們的大腦認知儲備量很高。什麼是大腦認知儲備？簡單來說，就是腦力可用餘額。儲備量高，遇到大風大浪依然不怕；儲備量低，遇到毛毛細雨就嚇得汗毛直豎。

認知儲備量（Cognitive reserve）受到學習記憶的影響。人在發展過程中所經歷的事件，以及接收到的資訊，所有的喜、怒、哀、樂等相關歷練，會影響我們的決策與思考，甚至是性格，而這些都已形塑在神經細胞裡。過去也有研究發現，認知儲備越足夠，認知功能也會表現得越好，認知儲備與認知功能二項因素呈現正向相關。接下來，將介紹大腦認知儲備包含了：「神經腦儲備（Neurological brain

2 Ranganathan, V. K., Siemionow, V., Liu, J. Z., Sahgal, V., & Yue, G. H. (2004). From mental power to muscle power--gaining strength by using the mind. Neuropsychologia, 42(7), 944–956. https://doi.org/10.1016/j.neuropsychologia.2003.11.018

3 Bernardi, N. F., De Buglio, M., Trimarchi, P. D., Chielli, A., & Bricolo, E. (2013). Mental practice promotes motor anticipation: evidence from skilled music performance. *Frontiers in human neuroscience*, 7, 451. https://doi.org/10.3389/fnhum.2013.00451

reserve）」和「行為腦儲備（Behavioral brain reserve）」。

◆**「神經腦儲備」**

是從生物和遺傳學的觀點，以腦體積容量、神經突觸數目等，來描述大腦的現狀。這些神經儲備也像是緩衝系統，用來承擔外在的壓力或者危險因素，直到超過臨界值神經儲備無法負荷，才會開始表現出認知功能障礙。

◆**「行為腦儲備」**

是神經細胞受到損傷後的復原力，在生活中可以增強功能性的神經網絡，提高個體對於外在損傷的承受力。

認知儲備建立在大腦神經可塑性的基礎。認知儲備被認為可以抗衰老或降低腦損傷對個體的影響。所以認知儲備的型態，基本上就反應出大腦的整體功能。而神經細胞具有可塑性，也就是對於新刺激的接受與調整會有很大的彈性，如果失去了神經可塑性，那麼可能是因為大腦開始出現病變，而使得認知功能或情緒調節能力出現狀況，進而產生注意力、記憶力、焦慮、憂鬱或失眠等相關症狀。

如果大腦有較高儲備量，也就比較能夠抵抗神經發炎或退化的情況，並維持日常生活功能。那麼，想要擁有足夠的腦本，該如何對大腦進行優化？

傳統答案會是：保持用腦習慣、多運動和注意飲食。的確在一些益智遊戲訓練中，是可以促進注意力、執行功能和記憶力。這些益智訓練大多數是線性的激發，但大腦的運作是點、線、面、體的整體運作。因此，有些益智訓練僅能訓練到局部的認知功能，也就是僅有部分大腦會被激發運作。這樣做並沒有不好，因為做一點總比什麼都不做來得好，跨出第一步，才有機會真正開始。

透過學習維持認知儲備並沒有不好，就好像已經有的重要交通建設，當然要努力去鞏固維持。但是除了維護好既有的交通建設，為了促進繁榮發展，也會希望能夠有更便捷的通道。

大腦平時不儲量，認知退化心慌慌

心情憂鬱或壓力出現時，容易導致注意力下降，進而影響記憶力或問題解決能力。

許多人都認為現在才四十的不惑之年，擔心認知功能退化否太過杞人憂天？事實上，失智症大概就是在此時開始慢慢發生。只是正經過氧化與發炎的歷程，累積到七、八十歲才開始出現失智症狀。我們都會希望從出生到死亡這段年日都是過著健康的生活，在人生四十時，正是要適時做出有益健康的選擇。

提早預防，讓思慮清晰、工作更有效率

優化大腦可以獲得什麼益處？例如，思慮會更清晰、比較容易專注、更有效率的工作、妥善安排日常生活時間，生活比較有目標和方向。如果選擇置之不理，大腦只會逐漸氧化，然後被塵封。**可以嘗試認知練習和腦波訓練，在鍛鍊大腦時，從四個認知技能向度加強：記憶、問題解決、視覺空間與注意力。**

記憶力是大家最有感覺的認知能力，記性減退也是大腦老化最常見的症狀。尤其在學習新的事物上，例如人名以前可能看過一次就記起來，現在要記個兩、三次還是會忘。問題解決能力通常是隨著年齡的成熟會越來越好，到了六、七十歲以後便會有明顯的下降，而且退步者很難察覺自己的退化，反而是由旁人看出來。例如，年輕時白手起家的老闆大小事情都可以一手包辦，公司的決策與規劃也都能清楚判斷，但在年紀大之後，比較情緒用事，思考變得越來越固執，一旦認定的事物就難以再改變。

問題解決能力很容易被大家所忽略，其中我們可以把問題解決能力拆解成兩個

最重要的認知功能來看，一是抑制能力、一是思考彈性或思考變通的能力。

抑制能力，通常指的是抑制情緒衝動的能力，小朋友的抑制能力還沒有發展起來，所以容易哭鬧。就成人來說，抑制能力重點在於抑制情緒的衝動，讓理性思考決定行動。例如，一位抑制能力差的成人，可能會出現多種的成癮行為，例如抽菸、喝酒，甚至出現違法行為等。思考彈性或變通能力，也是非常重要的問題解決能力。每天要回家的路線剛好在修馬路，所以必須走別條路徑回去，這就是所謂的變通能力。如果硬要從原本那條路回去，那麼一定非常難走且危險。

視覺空間能力，指的是會用到視覺空間概念的各種生活能力。例如，用手機搜尋新的飲料店，然後隨著手機定位去找到該店；或是家裡櫃子的空間收納可以囤放得很有規則且整齊；停放機車的地方，可以馬上很清楚的找到。

注意力，則是認知功能最基本的能力。注意力不好，也會影響後面較高階的認知訊息處理。**最常見的就是心情憂鬱或壓力出現時的焦慮與緊張，進而導致注意力下降而影響記憶力或問題解決能力。**許多年輕人抱怨記憶力變差，大多是因為情緒影響到注意力而產生記憶力退化。

練習用不同角度思考，改變既有慣性

「備援」是大腦的一種精良設計，大腦有千億個神經元及上千億個神經連結，以及可以為許多腦區提供營養和氧氣的血管。人的大腦可以在受損的部位附近製造許多迴路，以避免受到氧化、發炎或者其他損傷。所以大腦是一個非常精良的器官，神經可塑性（neuroplasticity）是讓它保有彈性的利器。

為什麼「失智症」要到晚期才會開始出現症狀？因為大腦保有彈性，直到神經失去彈性及復原力後，認知症狀才開始出現，此時已為時已晚。神經可塑性代表大腦中神經與神經相互連結溝通的可能性，新事物的學習就是神經可塑性的典型例子，經常交流與溝通的神經連結會越來越迅速。**但如果總是重複一些固定的動作、思考這些固定動作所用到的神經連結就越來越粗，反而會阻礙新路徑的產生或交**

流。例如，曾經被狗咬過的人，每次看到狗總是提心吊膽，這樣狗與驚嚇的神經連結就會很快且粗。於是，對於狗的新反應或新的認知發展就會被限制。所以要不斷地從不同的角度來思考事物，改變既有的慣性思考、行為是對神經可塑性一個很重要的訓練方法。

大腦就像電腦，是人體精密的設計

我們的大腦很像電腦，大腦有資料輸入的元件，這些元件稱為「感官」；因為環境中的刺激多為物理訊號，但透過感官轉換這些物理訊號，就能變成生理訊號，讓我們的生物體開始接收進行處理。

而我們在工作生活環境中，所接觸到的一切人、事、物，看過的風景、聽過的音樂、嚐過的食物、嗅過的氣味和接觸過的感受，都會在大腦裡留下記憶的痕跡。這些經過時間的交疊與淬鍊，成就了現在的自己，每個人都是過去日積月累的結果，現在的選擇，將影響你未來會成為什麼樣子。

看過、聽過、嚐過、聞過和觸摸過的刺激，這些都是需要透過感覺器官的輸入，大腦會運算與處理這些訊息，在這些處理過程中，有些會放在目前暫時思考或語言的工作記憶區，再分門別類送至儲存學習到的知識與技能的長期記憶裡。等遇到問題需要解決或需要使用過去學習的知識經驗時，再拿到工作記憶區運作。簡單地說，人類的大腦有兩個重要的功能彼此交互作用，一是儲存學習到的知識，並且把這些資訊存到大腦資料庫裡。另一個則是能夠隨時使用這個資料庫。**但是我們的工作記憶區運作的單位與效能有限，如果讓它太操勞，反而會出現反應遲鈍的情況，這時就需要適時的休息。**

在多數人都過勞的現代社會，害怕說出「我好累」，因為會被認定是沒有能力或軟弱的表現。「我真的好累，但不敢放假」的現實表示遺憾，並強調疲勞沒有特別的資格和標準。特別是像現今這樣的低成長社會，無條件的努力並不能保證成功，盡全力工作並取得成果也不是人生唯一的道路。如果覺得自己累了，就勇敢承認自己的狀態，先照顧自己疲憊的身體和心理。

暫時抽離，讓腦力運轉慢下來

多做讓自己能夠身心充電的活動，提升自己的正向情緒，完美切換工作與在家休息模式。

當覺得自己腦力運轉已經快到極限，思考慢下來，注意力也難以集中，這時消除工作疲累，舒緩自己的身心狀態，對大腦來說是很重要的一環。特別是在從事高壓又充滿不確定性的工作，甚至需要付出情緒勞動，即便自己狀況不好，仍需保持高度專業或者面對人的行業，**這種狀況最好每專注40～50分鐘的工作後，就有10分鐘的休息，讓自己暫時休息轉移。心思抽離（psychological detachment）就是將**

心思暫時抽離工作休息，這有助於對疲勞的復原。

找出專屬的休息方式，平衡情緒能量

否則在精疲力盡的狀況下，工作表現效能下降，判斷與決策容易產生偏差，若是一直出錯，對於企業組織而言，不是件好事。特別是同事開始出現疲勞症狀的時候，第一時間未必會被發現；這些同事通常是公司裡最有才幹價值的夥伴，他們抗壓性相對高，卻也不輕易喊累，最容易被操得油盡燈枯。因此，最需要補充心智能量，但，不一定完全靠長時間的度假，而是掌握休息暫停的節奏。休息就是為了好好休息，並不是為了走更長的路。**晚上與週末就是好好讓自己精力恢復，從事放鬆或健康的活動，暫時切斷與工作上有關的聯繫。**

有些工作類型需要隨傳隨到，雖然在放假，但若是工作需要，就得飛奔到職場上處理突發狀況。像是急診醫師、待命機師或需要處理生產線問題的工程師等，他們常在休假期間手機不離身，雖然名為休假但實際上卻是在待命。這類型的工作，會使得體內腎上腺皮質所分泌的壓力賀爾蒙「可體松（Cortisol）」提高，所面臨到的壓力與警覺性幾乎和工作時差不多，若沒有安排能夠完全休息或確保不被打擾的心理抽離時間，工作了一星期，放假時仍在付出心力，久而久之，除了體力不繼與心力交瘁，思緒也會變慢。

德國社會心理學家莎賓娜・桑內塔格（Sabine Sonnentag）研究發現，情緒能量的平衡，對職場工作者來說很重要。精力的管理與分配，就像一位專業運動員，在高強度的訓練後，到了某個程度還是得做緩和運動，或者安排時間休息。在職場工作，雖然不像運動員那般耗費體力，但是心力的耗損不亞於運動員。她發現如果在工作時，能有短暫的休息時間，讓心思暫時抽離，不僅能提高產能、和同事有良好互動，也更能應付工作上的挑戰。因此，多做讓自己能夠身心充電的活動，讓自己放鬆，只要能夠提升自己的正向情緒，讓心情有別於工作，在做完之後就能覺得充滿能量、繼續迎接挑戰，都是最棒的放鬆活動。

每個人讓自己放鬆和充電的定義不同，有些人會選擇去戶外走走接近大自然，其他人可能會選擇喝酒，吃甜食或垃圾食物讓自己釋放壓力。但喝酒或吃不營養的食物並不是對大腦有益的活動喔！有幾個方式可以提供給大家參考：

- 運動或是伸展，多接近大自然或登山，嘗試新的步道。不喜歡運動的話可以晚上睡前試著做伸展操或拉筋。
- 找一個地方閉上眼睛靜坐10分鐘，觀察自己的呼吸。
- 寫日記，把自己煩躁的心情和思緒寫下來，可以幫助緩解焦慮心情。
- 畫畫或是塗鴉。類似著色書，讓自己的思緒慢下來，專心地完成一件事。
- 放個音樂讓自己盡情的隨著音樂擺動。跟著音樂跳舞可以讓思想和身體都參與進來，提高心率，釋放內啡肽，並可以緩解焦慮。
- 探索新的景點，打開Google Map去冒險吧！
- 學習一個新的東西：語言、樂器、技能等。

心理學家莎賓娜解釋「心理抽離」，其實就是一種生理與心理放鬆的開關，**出門上班、下班打卡，看似理所當然的場景切換，其實是告訴自己在公司是工作模式，在家是休息模式。**但當這兩個沒有辦法切換的時候，個體就會開始感覺到壓力很大。如果上班需要我們全神關注，用執行力去完成任務，就由我們大腦中的執行功能網絡（Central Executive Network, CEN）在處理，休息時由預設模式網絡（Default Mode Network, DMN）在放鬆，那麼心理抽離的切換器就是由突顯網絡（Salience Network, SN）來進行切換（詳細說明參考第四章）。

安排工作與休息時間，就是告訴自己有掌控力

我們只有一個大腦，個人議題和職場生產力之間似乎很難建立防火牆。因為我們沒有兩個大腦，不能在辦公室時用一個腦，回到家用另一個。辦公室壓力無可避免地一定會影響家庭生活，引起家庭更多的壓力。家庭壓力增高，職場壓力也隨之增高，這個壓力又被帶回家中，形成惡性循環，研究者稱這種現象為「工作—家庭的衝突（work-family conflict）」。

能夠安排自己的時間，就是對自己的生活有一定的掌握度，也就是自我控制程

度較高，這在某個程度上也反映了對生活的自由度。掌控力意謂自己知道怎麼安排時間，如何管理自己的精神與體力。在職場工作有時候處理突發狀況，臨時的任務需要處理，對已婚的工作者還有家務與家庭責任，因此能夠有自己調配運用的時間，本身就有一種心理抽離的效果。

有些工作者在下班時，或者進入辦公室前，停好車讓自己在駕駛座裡聽十分鐘的音樂，對他來說有屬於自己的時光，雖然短暫，卻可以讓自己在工作與家庭之間，有個緩衝的時間。在醫院工作的醫護人員若有權分配自己的時間和注意力，在下班的時候比較不會累。反之，**越是無法掌控時間，壓力更大、工時更長，較無法自主規劃自己的作息，在這種沒有辦法掌握工作優先次序的情況下，也比較容易覺得疲累。**

《正向心理學》[4]的研究發現個體對生活的自主性，是正向情緒、投入程度與生活意義的重要預測因素。這項研究的受測者，每天都會被問下列問題：

1. 目前正在執行的活動類型。
2. 自主性的程度。

3. 情緒的積極或消極。
4. 全心投入的程度。
5. 活動的意義。

當個體執行某活動的自主性越高，則正向情緒和對活動的全心投入程度也會呈線性成長。換句話說，**也就是自己的時間沒有分配好，就得讓其他人分配你的時間，越是無法做好時間管理，就越容易讓時間追著你跑，自主性會變得很低。**畢竟在時間管理上，大家都知道不緊急卻重要的事情要先做，但如果是到緊急又重要的象限，通常是拖延症候群大爆發，然後讓自己火燒屁股，才會讓重要的事情，從不緊急變為緊急。學習切割工作與生活的能力很重要，這將會決定休息的品質好壞。

4 Atsushi Kukita, Jeanne Nakamura & Mihaly Csikszentmihalyi（2022） How experiencing autonomy contributes to a good life, *The Journal of Positive Psychology*, 17:1, 34-45, DOI: 10.1080/17439760.2020.1818816

大腦還有救，從日常生活中開始！

透過行為不斷地訓練，形塑出大腦最佳的樣貌。大腦並非無法改變，透過後天訓練，能讓神經產生最佳的配置。

一成不變的生活及工作上處理的庶務，若多為例行公事，容易讓大腦產生慣性，就會產生「以前都是這樣做」的慣性思維，也就是「僵化」。當大腦缺乏彈性，對於任何周而復始的工作產生枯燥乏味之感，大腦便容易產生疲勞，這種情況就會降低幸福感。此時，可以簡單創造一些變化，微小改變就有機會能讓大腦降低疲勞。**變換不同的路徑上班、平常都坐著工作轉換站著工作、練習以非慣用手來操作**

滑鼠、把手機介面上的APP排序更動等。

為什麼使用非慣用手就能讓大腦減除疲勞呢？首先，要先了解當我們在寫字的時候，大腦裡發生了什麼事？寫字時，會啟動我們的枕葉因為這與視覺處理有關。會評估有沒有寫錯字，字寫得美或是醜，當想要重寫或是更正字體，大腦就會啟動前運動區（Premotor Cortex）處理新的認知資訊，準備做出計畫好的動作，然後傳訊息到運動區執行。

當我們有意識的在控制自己的肌肉，進行一個目標導向動作稱為「隨意運動」（Voluntary movement）」，就是在日常生活中一些簡單的隨意運動。例如，穿衣、吃飯，走路等。當我們口渴，肚子餓，想睡覺，覺得熱或冷，去滿足我們的生理需求，此時，就會執行一連串的動作去滿足身體的需要。

你可能無法想像，大腦在短時間內其實已經處理了很多訊息，然後再下達指令給相關的區域去做執行動作。例如，我們感覺到冷的時候，是從皮膚的感覺神經元傳訊息給大腦的感覺中樞。為了要感到溫暖，大腦會快速決定下一步該怎麼做，運動輔助區（Supplementary Motor Area, ＳＭＡ）的位置在額葉，ＳＭＡ會建立運動心像（Motor Imagery）並規劃一系列的連續動作。建立好程序後，下指令給初級運動區（Primary Motor Cortex）去分解連續動作並且執行。接著，啟動脊隨的運動神經。然後我們就會伸手去拿外套，穿在身上。皮膚接著就會回饋給大腦，感到溫暖了或還是覺得冷。這個日常生活中會發生、習以為常的事，卻動用到大腦許多區域。

通勤時也能進行簡單小遊戲，提高記憶力！

還有哪些其他方式可以活化大腦呢？可以在通勤時，嘗試一些激發大腦的小遊戲，例如，拼圖或數獨。有研究顯示，拼圖遊戲可以使用到多種認知能力，並且可以預防視覺空間認知老化[5]。試想看看，拼湊一個拼圖時，需要查看每個拼圖不同的部分，並找出它們在更大圖片中的位置。這是挑戰和鍛鍊大腦的好方法。不只是拼圖，撲克牌遊戲也能刺激大腦多個區域，提高記憶力和思維能力[6]。

現代人工作太過依賴電子產品，多數是用打字或語音傳達訊息和完成工作項目。你是否也有怎麼想都想不起來那個字怎麼寫的時候？距離上一次拿筆書寫筆記和工作事項，是多久以前？我們都浪費了自己擁有的書寫能力。有研究顯示，**手寫筆記會活化大腦的多個區域，因為需要感覺寫字的力道、調整寫字的大小、控制字體行間的距離，回想字體，選擇適合的詞彙等。**

這些都會牽扯到多方面的大腦區域運作，而且是在無意識下同時刺激不同的感覺運作。自從疫情開始之後，居家上班和上課已變成常態。有研究顯示，青少年如果是手寫做筆記，會比打字更有效幫助學習和提升記憶力。

更換上班路徑，可以訓練大腦？

換不同路徑上班為什麼也會讓自己感到快樂？因為當你在不同的路上，會看到不一樣的風景。若要嘗試不一樣的上班路徑，得事先規劃，因為不熟悉，所以大腦會思考怎麼樣才能準時打卡，這些過程都會用到大腦不同部門的通力合作。嘗試不同的生活路徑，也會刺激大腦網絡形成新的路徑。這樣的改變能夠優化大腦，最直接的科學證據，來自於英國倫敦大學學院一項經典的研究。心理學家愛蓮娜・馬奎爾（Eleanor Maguire）的研究團隊，把英國司機的大腦和其他行業人士做比較，結果這些司機大腦中的海馬迴體積大很多，而海馬迴是負責記憶處理和時間空間定位一個重要的區域，而且入行越久的司機，海馬迴的體積越大[7]。

---

5 Fissler, P., Küster, O. C., Laptinskaya, D., Loy, L. S., von Arnim, C., & Kolassa, I. T. (2018). Jigsaw Puzzling Taps Multiple Cognitive Abilities and Is a Potential Protective Factor for Cognitive Aging. Frontiers in aging neuroscience, 10, 299. https://doi.org/10.3389/fnagi.2018.00299

6 Schultz, S. A., Larson, J., Oh, J., Koscik, R., Dowling, M. N., Gallagher, C. L., Carlsson, C. M., Rowley, H. A., Bendlin, B. B., Asthana, S., Hermann, B. P., Johnson, S. C., Sager, M., LaRue, A., & Okonkwo, O. C. (2015). Participation in cognitively-stimulating activities is associated with brain structure and cognitive function in preclinical Alzheimer's disease. Brain imaging and behavior, 9(4), 729–736. https://doi.org/10.1007/s11682-014-9329-5

7 Maguire, E. A., Gadian, D. G., Johnsrude, I. S., Good, C. D., Ashburner, J., Frackowiak, R. S., & Frith, C. D. (2000). Navigation-related structural change in the hippocampi of taxi drivers. *Proceedings of the National Academy of Sciences of the United States of America, 97*(8), 4398–4403. https://doi.org/10.1073/pnas.070039597

倫敦的街道非常複雜，不同的路線和替代道路都要熟記是一件很困難的任務。倫敦市區涵蓋了三百多條交通路線，沿途經過近兩萬個街道和地標，因此乘客一上車想去的任何地方，計程車司機在腦中都得快速規劃可走的路程。隨著駕駛經驗提升，他們不需要特別查詢地圖，就能在任兩個起點與終點之間，安排出最有效率路線。這樣的訓練也讓計程車司機的大腦產生了變化，**他們並非天生如此，而是透過行為不斷地訓練，而形塑出大腦最佳的樣貌。也讓我們明白，大腦並非固定不變，而是可以透過後天訓練，讓神經產生最佳的配置。**

為自己騰出一點時間：轉移注意力。即便是在最黑暗、最脆弱的時候，也要找到正向的經驗。在遇到難以承受的打擊時，許多人會不小心讓生活變得荒腔走板，食不下嚥、夜不成眠，然後體力變得更糟，心力也隨之交瘁。在工作上雖然需要集中注意力，但遇到不開心的事情時，轉移注意力也能讓我們暫時得以解脫釋放。過度擔心並沒有特別的幫助，只要將注意力暫時從當下移開，讓自己好好喘口氣、穩住陣腳後，再次出發，不需帶著罪惡感，照顧好自己的身心才是最好的選擇。

大腦知識

所有的生活上的小改變或嘗試新的遊戲，最主要的功能是讓大腦接收新的刺激，運動到不同的大腦區域，和建立新的大腦網絡連結。無論幾歲，都應該要關注大腦健康。保持好奇心，提升注意力、記憶力和思維敏捷性，都可以避免大腦疲勞。通過日常生活的大腦鍛煉，你會發現挑戰自己的思維、提高認知能力，並可能在此過程中學習到一些新知，是一件美好的事情。

Chapter 2

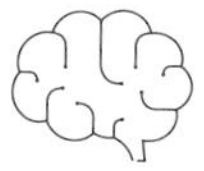

潛意識

(SUBCONSCIOUSNESS)

正不知不覺影響你的行為

心累時，我們過去的經驗會下意識地出現一些因應措施，有些有效，有些無效；而當出現無效因應時，就會慢慢產生無助感，到底該如何及時發現與改善呢？

大腦自動化幫你做九成的決定

腦海中每天飄過的想法與念頭，只有一成來自於意識，其他九成都是受到潛意識的影響。

「這項專案還有許多待辦事項未完成，但已經快到午休時間了……」即使知道要盡快處理，但平時累積的疲憊，讓自己身不由己。好不容易打開資料檔案，但又關起來，然後再開啟其他網頁，常常覺得自己注意力怎麼那麼渙散？明明知道要趕快完成所交付的任務與待辦事項，但就有種力不從心的無力感，周遭的人就會開始覺得你怠惰、缺乏熱情、沒有辦法即知即行等。事實上，真的是如此嗎？其實在你做出決定之前，大腦早已提前預備。

心理學家班傑明・利貝特（Benjamin Libet）的一項實驗發現，當人產生「打算動手指」的想法之前，大腦腦波早已事先開始進行相關預備動作，稱為「動作預備電位」。我們都以為是人類大腦決定行為，以「決定要伸手拿東西」為例，照常理的判斷，是意識先出現想動手的想法，然後將這個指令傳送到大腦運動皮質區，接著腦波產生動作預備電位，接下來才進行伸手的動作。

但是心理學家班傑明・利貝特的實驗發現並非如此。在你還沒有意識到之前，腦波已先產生動作預備電位，接著出現想要伸手的想法，才把指令傳到大腦運動皮質區，然後產生行為。簡單來說，**大家以為人們有自由意志，但實際上卻可能是大腦在影響你的決定。而我們以為的意識，可能都只是在執行大腦活動的決果。**

了解大腦狀態就會產生驚人的能力

在學習的過程中，行動力取決於個體的「能力」，如果拆解來看，「能」就是能不能理解。也就是在意識上知不知道這件事，或者具備某項知識；而「力」則是有沒有精力或熱情讓自己往目標前進。所以能力，是意識與精力的組合。

◆有能有力

在職場上你知道怎麼做，而且具備相關知識，精力充沛地去完成你想要完成的事項。這是最佳狀態，個體會即知即行，並做好相關規劃和執行策略，在大腦中也就是執行功能網絡（Central Executive Network, CEN）運作效能最好的情況。

◆有能無力

這種狀況有兩種可能，一個是對工作還保有熱忱，初入職場工作上具備基礎的能力，但還不知道如何使力。在這個狀態時，往往需要許多不同的職能與情緒壓力作切換與管理，這種狀況就需要教育訓練來培育。

但如果已經工作一段時間，變成職場老鳥，就有可能出現「不想上班症候群」，即便知道要做什麼，但因為心累而不想要做。這種狀態，就需要適時的休息，可能是大腦的預設模式網絡（Default Mode Network, DMN）開始出現功能運作不佳的情況。此時，就要留意員工是否會出現無能為力的倦怠感。

◆無能有力

這種狀況就是想做，卻沒有辦法做，產生心有餘而力不足的狀況；或者很努力地衝，卻不知道方向，到頭來是原地打轉。此時，就需要讓大腦盡量地去學習知識技能，提升自己的能力。

◆無能無力

是「不想上班症候群」的最後階段，已經出現職業倦怠甚至有憂鬱症狀，或者驚慌失措、在擔心害怕中愣住，出現無力無望感，影響了大腦功能，使原本具備的能力下降，到最後表現失常。通常到這個階段，已是很嚴重的警訊。

威廉・詹姆士將正常的清醒意識比喻成：「攜帶著不斷改變的感覺、思想、記憶、感受、動機與慾望的溪流」。這個「意識流」，包括對自己與來自環境刺激的覺知，以及我們體內如飢餓、口渴、疼痛與快樂的身體感覺。意識提供認知可處理心理的地方，讓感覺得以結合記憶、情緒、動機及知覺等心智歷程。意識是人們的自由意志，因為意識的存在，使我們身而為人可以隨心所欲。**而每個思考與行為都會影響大腦的表現，只要有正確的引導和練習，多數人都能適切地掌控意識運作。**

但在真實的情況下，**腦海中每天飄過的想法與念頭，大概只有一成來自於意識，其他九成都是受到潛意識的影響。**意識狀態下，大腦序列性地處理外在訊息，就是一次處理一個訊息，分門別類按照順序處理，就像每一份資料都要親自審核，耗力又費時。然而，潛意識的大腦迴路可以平行處理許多訊息，也就是一次處理許多訊息。潛意識未涉及任何意識的腦部歷程，包括前意識和潛意識歷程，大腦可同時在許多層次中有意識和潛意識一起運作。

人類感官系統每秒都接收到巨大的資料，這些資料若原封不動不斷地送到大腦，你的意識每筆資料都要處理，那麼大腦可能會當機。人們的行為許多時候都是經由潛意識自動篩選，後面會提到大腦裡的系統一和系統二的運作，在不自覺沒有意識到的過程中，每一秒都在做各式式樣的決定。要不要繼續現在的工作？要不要暫停？看到同事在吃零食要不要跟著來一塊？要不要起身動一下？要不要繼續把這本書看下去？日常生活中快速做的判斷，多數都是自動化處理。

看似不費力又有點輕鬆寫意，其實都是大腦快速做了決定。自動處理的好處是能夠很省力；但缺點是，萬一自動處理系統有瑕疵，像是把外在的刺激以有偏差的鏡片過濾，那麼就會影響到大腦的運作。

不小心又犯錯，原來是「不注意視盲」？

當你對某項事物投入越多的專注力，對其他事物的注意力就會明顯下降。

一般而言，一次只做一件事情是比較有效率的做法。但在現今工作中，太多分心的瑣事會干擾我們正在進行的任務。大腦意識很難留意到自己細微的分神，就像工作時失誤，一開始通常不會發現，因為在失誤之前往往已心有旁騖。

對大腦而言，對某件事情越專注，對其他事物的注意力就會相對降低。同時，若對某件事不專注，當然就不會注意到還有其他未完成任務。「不注意視盲」不是真的瞎眼，而是因為注意力沒有處理到該項任務，而產生的疏忽，人類大腦的心智結構，本身就讓我們很難一心多用。所以劇場國寶李國修留下一句話：「人，一輩子能做好一件事，就功德圓滿了。」對大腦來說，這句話則是：「腦，一次能做好一件事，就發揮最佳功能了。」多數時候「不注意視盲」不會造成嚴重問題，但「事忙會造成不注意」。

潛意識的其中一項任務，就是「過濾訊息」，它會不斷地檢查外在輸入的訊息，確認這些東西對我們有益處還是有害。就像電腦的防毒軟體，不斷地搜尋，如果不需要特別處理的，就會把它送去隔離。就像職場上面對一連串的工作清單，會因為內心抗拒而聽而不聞，或者不想面對就會視而不見。這種明明就在眼前卻沒有覺察到的現象，稱之為「不注意視盲」。回過神來，才發現自己又犯錯了，接著繼續挨罵，開始覺得自己連這點小事都辦不好，出現一連串的失誤。潛意識，就是如此影響人們在意識上可以覺察的行為。

「東西就在你旁邊，你怎麼會沒有看到？」

「我是真的沒有看到！」、「啊！我沒有注意到！」

工作在交班時，明明有五項待辦清單或注意事項，但最後卻只記得四項，這就是事忙所產生的不注意。或者某件事情在你心中十分抗拒，不想處理與面對，導致自己下意識地忽略。而當事忙產生不注意、然後又被罵的時候，壓力指數會升高，不知該如何反應，這種狀態又會讓自己的注意力更窄化，最後驚慌失措。

你一定也曾有過這樣的經驗。出門前想著去公司要做什麼？但離開家門後才發現忘了帶鑰匙，這時你想返回客廳拿鑰匙，鑰匙在桌上，卻不知道為何就是沒有看到。然後詢問家人：「我的鑰匙呢？」接著得到的回答是：「不是在桌上嗎？」這是因為腦中正在想事情，注意力放在思考的事情上，所以眼睛就沒有看到鑰匙，直到詢問家人才讓自己的注意力再次重新拉回來「找鑰匙」。

不注意視盲：視而不見

這種視而不見，並不是因為眼盲也不是因為大腦盲，眼球、視神經和大腦視覺皮質都很正常，但明明事件或物品就在眼前，我們卻仍可能遺漏。這種現象稱為「不注意視盲（inattentional blindness）」，也有心理學家稱為「知覺視盲（perceptual blindness）」。

曾有心理學家做了一個很經典的實驗，叫做「看不見的大猩猩（Invisible Gorilla）」[8]。他們讓參與研究的人觀看一段影片，影片中是一群女子們歡樂傳球的活動，要你計算身穿白色T恤的女性總共傳了幾次球？

當我們仔細計算白T恤女性傳球次數時，就會專注在計算傳球次數，並盡可能排除其他干擾物。此時有一隻大猩猩從前面經過，站在影片中央且大力搥胸，但觀看影片的受試者也會無視牠的存在。為什麼會這樣呢？因為我們專注在一件事情時，大腦前額葉會將多數注意力資源放在上面，而對周邊其他訊息的處理能力就會降低，認為一切都在預料範圍之內，不太可能有奇怪的事情發生。所以當注意力放

8 Simons D.J., Chabris C.F. (1999) Gorillas in our midst: sustained inattentional blindness for dynamic events. *Perception*, 28(9), 1059–1074.

在數傳球次數時，就會忽略中間出現的大猴子。

這是因為人類的注意力有限，所以當我們在眼觀四面、耳聽八方的時候，很難仔細地處理所有訊息，當大腦在多工處理時，要做的事情越多、效能越下降。而當你邊開車、邊講電話時，雖然運用無線藍芽，注意力還是放在前方的道路上。基本上，如果是持續進行的工作任務，不至於會出現什麼大問題。但是如果有「非預期事件」發生時，那麼正在講電話的駕駛，反應時間就會比沒有講電話的駕駛來得慢，因此處理突發狀況的能力也會下降。發生車禍後，駕駛往往會很納悶地說：「我沒有看見車子呀！」這是所謂的「看到卻未看見（looked but failed to see）」的意外。

你或許會覺得，怎麼可能？只要多留意、小心謹慎就好，應該就不會出現這種狀況了。或許吧！但大家有注意到，一開始文中在介紹「看不見的大猩猩」實驗裡的描述，從一開始的「大猩猩」最後變成了「大猴子」嗎？

目前沒有可以直接測量不注意力而產生視盲的工具，心理學家有工具測量一個人注意力的廣度或注意力運作的持續度，卻無法直接測量因為沒有注意而沒看到的現象。不注意視盲的產生，是外在有明顯的物理性刺激進入感覺歷程，但卻未必被個體知覺到，所以才會有「視而不見、聽而不聞」的狀況。人類的心智結構原本就是如此設計，我們很難避免讓自己不產生「不注意視盲」的狀況。

面對工作焦慮時，潛意識會自動開啟防衛！

焦慮時避免壓抑想法，不如徹底想一遍，找出其他可能的解釋或應對方法。

佛洛伊德的《夢的解析》說明夢是通往心靈意識活動的知識，提供了一條了解意識的道路。佛洛伊德認為，潛意識是將原始動機與潛藏在覺知狀態之外具威脅性記憶的保留處。所以過去的創傷經驗或不願面對的真相，都會被你壓抑在潛意識層面，不輕易觸動，卻會影響你的生活。

但在本書提到的潛意識，是採用認知神經心理學觀點：「泛指大腦產生的任何一種無意識的心智歷程。」也就是你努力去思考，也不會知道為什麼這樣的歷程。

了解腦波與意識，就有機會重塑大腦；腦波是指神經元相互交流時產生的生理電波，有各種頻率和振幅，從高頻率低振幅到低頻率高振幅都有，只要透過神經生理回饋或自我調節的技巧，就能改變這些腦波。**將腦波頻率調高，可以創造一種高度覺知的狀態，卻也增加了焦慮與亢奮度；將腦波頻率調緩，則能減輕壓力，進入放鬆狀態。**

人類九成以上行為受潛意識影響

結構論的心理學家採用內省法來研究行為，要求人們自我報告他們的意識經驗，但意識具有模糊且主觀的本質，因此當時心理學家認為，很難找到客觀的方法來探討該議題。直到認知神經科學的進步發展，認知心理學家、神經科學家與電腦科學家，因為新的研究工具可以掃描大腦如何處理外在訊息，因此心理學開始研究意識與心智，使得意識的議題得以重現。

潛意識是大腦中的基本配備，而意識則是選擇性的功能。少了意識，沒有任何動物可以存活。人類的感官系統每秒發送約上千萬筆資料到大腦，而大腦可以應付的資訊大約是每秒十五至五十筆左右，如果你的意識要處理所有的訊息，大腦就可能會大當機；儘管自己不自覺或沒有意識到，但我們每一秒都在做各種決定。

接下來請你不要看下一段文字，「千萬」不要看，絕對不可以看，直接跳下下一段閱讀。

「現在你讀著這行字，都在我們的計畫之中；然後你會繼續讀這行字，接著是這行，最後在讀這一行。當你讀完這幾行之後，你會發現這一切都在我們設計的潛意識計畫中。」

你是否已不自覺地看完上面這段文字？即使告訴你不要看，卻還是忍不住想看，這就是大腦的傾向。請你別做的事情，就會忍不住想嘗試，叫你別想的事情，就會忍不住去想。所以當意識告訴你不要執行，但潛意識卻仍舊會決定照做。這也是為何當我們感受到無力、無助時，他人希望你不要想太多，大腦仍舊會繼續想。而這種過程，其實就是「壓抑想法」，反而會使這些想法出現得更頻繁。與其如此，倒不如徹底想一遍，然後找到其他可能的解釋或應對方法。

又或者看一下社交平台上的訊息貼文，原本只想看一下，但一打開網頁瀏覽，時間就不知不覺過去了。**要集中注意力在一件事情上，就告訴自己接下來的時間該做好什麼事情，讓自己完全投入不被打擾，手機以及電腦的訊息都暫停通知，空出三十至四十分鐘，全心全力做好當下的事情。**因為許多自動化的思考，都是在潛意識裡不知不覺出現，為的是讓自己好過一點。

佛洛伊德認為，人在面對焦慮的時候會自動開啟「防衛機轉」，讓自己心裡更舒坦。一般來說，每個人都會以理性的方式處理自身焦慮。但在一些情況下，可能會發展出非理性解決焦慮的方式，這樣的非理性行為是在潛意識裡運作，自己不太容易意識到，這就是所謂的「防衛機轉（Defense mechanism）」。而「防衛機轉」通常有以下以種類型：

◆投射作用（Projection）

將自己的慾望或衝動轉移到他人身上；又或者可以把內心的狀態，轉移到人事物上。把自己難以接受的情感或情緒，加諸於別人身上。例如，責怪同事是豬隊友，期望他們為自己的缺失負責。內心有這樣的歷程，就是將主觀的不良思緒、動機、慾望或情感投射到他人身上，推卸責任或把自己的過錯歸咎於他人，進而得到解脫。

◆合理化作用（Rationalization）

替自己的行為編造很好的理由，以消除自身的焦慮。所以有時產生不想上班的心情時，大腦會找到一個好的說法，這樣子表現失常也「合乎常理」。「因為影印機壞掉了，所以報告沒印出來。」、「因為電腦當機了，所以資料不見了」，身而為人，都會有想合理化自己行為的傾向。

◆否認作用（Denial）

否認是透過扭曲目前的現實狀態，讓自己覺得：「我值得更好。」又或者覺得：

「這不是我該得到的。」不想上班症候群的個體，在認知上接受了所發生的痛苦事件，但是卻拒絕接受此事件帶來的痛苦情緒。很累、很累了，但還是會告訴自己：「我不累，能有事情忙就是好事。」

◆**認同作用（Identification）**

也有人稱為「仿同作用」，透過認同他人外在行為，提高自我價值，來避開焦慮。當個體在現實生活中希望晉升更高境界，又或者遇到瓶頸時，會崇拜或分享他人的成功，以提高自己的價值感，讓自己有被人看重的希望。所以在職場上都會有所謂的模範或典範，這些從谷底翻身的故事，就會啟動熱情，讓自己繼續下去。

◆**補償作用（Compensation）**

當你在某個領域中遭受挫折、外在有缺陷或內在有缺憾，就會讓自己在另外一個領域變得很強，掩飾先天或後天缺憾造成的自卑感，讓自己沒有缺憾。但是換個角度來看，沒有人是完美的，如果每個人都有自己的功能，只要擺在對的位置，就可以截長補短，讓許多事情透過合作來完成。

◆反向作用（Reaction formation）

當心理狀態與意識層面的希望或渴求完全相反，這種態度就是「反向作用」。個體在意識層面採取某種與潛意識完全相反的看法或行動，因為真實意識的表現不符合社會道德規範或引起內心焦慮，因此往相反的方向表現。當大腦產生疲勞狀態時，很容易出現犯錯時「惱羞成怒」的情緒。

◆轉移或替代（Displacement）

個體在某些情境下是危險的情感或行動，轉移到另一個較為安全的情境下釋放，或者找個安全的對象來替代。通常是把對強者的情緒轉移到弱者身上，人善被人欺，遇到強勢的主管悶不吭聲，回到部門時，對下屬出氣，就是情緒的轉移。

◆昇華（Sublimation）

被壓抑的不符合社會規範的原始衝動或慾望，透過符合社會認同的建設性方式表達，並得到本能上的滿足，屬於較成熟的防衛機轉。例如，有些人覺得自己某項專業能力不夠，就會想辦法透過其他方式補強，或培養自己其他專業能力。

◆ 幽默（Humor）

幽默是比較高層次的防衛機轉，透過幽默語言或行為，來應付焦慮的情境。通常幽默容易受到大家注意，甚至增強喜好。因為背後可能是受到壓抑的想法，透過意想不到的方式，被表達出來。

大腦會感到疲累，主要原因來自比較

想擁有堅毅的心理韌性，可以替我們建立安全的內在堡壘，讓我們對自己感到安心並接納自我。

除了經由外在行為模式了解自己是否疲倦之外，也可以透過自己來察覺，如果意識到自己產生無力感並了解原因，稱為「有意識的倦怠」。不了解原因，且不知道自己是否陷入倦怠時，稱為「潛意識的倦怠」。

能夠意識到的倦怠，會以各種形式出現。像是出現負面思考、突然心力交瘁、身體虛弱、努力付出卻看不見成效、注意力難以集中、生活感到混亂等，通常都可找到外在的壓力源。此時，只要透過壓力因應技巧，以及處理造成倦怠的因素，大多可以緩解倦怠感。

潛意識的倦怠，處理時比較耗費心力。**因為這是在潛意識裡對自己的負面自我暗示，會成為自己說服自己的行為。**但這樣的自我暗示也是一種雙面刃，使用不當會對自己的大腦迴路造成傷害，使用得當也會使許多問題迎刃而解。自我暗示，是意識與潛意識之間相互溝通的橋梁。

覺察內心，降低批評對你的影響

人們天生相當容易感到羞愧，被別人拒絕、排斥或是在比賽中輸了，很難不產生負面情緒。而要做到完全符合他人期望、滿足他人要求是不太可能的。當自己做錯事或沒有達到預期目標時，難免會有挫折，也會有自責。而負面聲音在心裡久了，就會變成真正的內在聲音，開始傾聽並相信這樣的內在批評。**內在批評會使**

我們產生恐懼，而這種恐懼害怕的情緒，會使得內心產生內耗，漸漸產生失去自我感。工作中難免會出現比較心態，雖然比較來自於競爭，但競爭和細胞一樣，有良性與惡性。良性競爭會帶進正向循環，然後促進成長；而惡性競爭，到最後只會造成兩敗俱傷。

大腦會感覺到疲累與恐懼，往往來自於比較。在心理學中有兩種比較，一種是跟別人比，另一種則是跟自己比。如果是跟別人比，還有細分為「向上型社會比較」，一種是「向下型社會比較」。在職場中想要成功，如果比爛，自然而然就會被淘汰。向上型比較的影響，是有一個楷模典範讓你追隨與學習，若因此帶來自卑或忌妒，那麼就會產生憤恨與沮喪。**我們永遠不可能保持第一，如果比較，不是為了讓自己學習更好，而是要證明自己不夠好，勢必會感到疲累，甚至出現各種形式的攻擊。**

我們常說要與自己比，但是如果回頭看到的全是失敗的曾經，無形中也會產生自卑恐懼。因此，可以藉由自我覺察、自我撫慰、自我認同、自我接納來降低羞愧與內在批評的影響。

大腦產生思考，思考形成語言，語言決定命運。這是語言對於大腦的影響，心理學稱為「自證預言」或者「畢馬龍效應」。如果你相信自己贏定了，則會增加自信心，但如果因此掉以輕心而疏於準備，極有可能會因為細微疏忽而輸掉。當意識的信念會在大腦皮質刻畫出暗示潛意識的記號，**一旦潛意識接受了某種信念，它就會開始執行這種信念。而這種信念不分是非對錯，會跳過意識的運作在第一線直接支配人類的行為。**

人類不僅是擁有大腦的軀體，而身體也影響大腦的運作，大腦心智和身體之間連結，身心是互相影響。意念影響表現，表現影響放鬆程度，放鬆程度影響能量，能量又會影響意念。所以，怎麼想就會影響怎麼做。「屋漏偏逢連夜雨」如果用大腦科學解釋，就是當你不順遂的時候，意志消沉，平常會讓自己開心快樂的事情也不想做，結果一直告訴自己就是這麼倒楣，接著無法專心致志，結果因為不專心的失誤，又搞砸了另一件事，完美呈現「人生就是一直起起落落」。你的想法會影響你的做法，但如果我們在壓力中仍舊保持樂觀，大腦就會輕鬆自在，幫助我們化險為夷。

別讓負面自我暗示將你吞噬

而在職場上，不論是人際互動、工作效率及表現，都在我們的潛意識內不斷與個人價值觀呼應、挑戰。舉例來說，和隔壁的同事溝通的過程、今天工作的表現、老闆對自己的評價，這些看似「沒什麼」的過程，潛意識都會掃描、梳理一遍。通常與自己過去經驗相符、或是雷同且未解的事件，會停留在潛意識中，就像未爆彈，看誰踩到你的地雷，引爆這個隱藏許久卻未曾梳理的過去。

通常因為潛意識主導而影響，產生的感受及對應的行為模式，都不是經過大腦縝密思考出來的結果。因為是無主觀意識的判斷，所以是依靠「直覺」或「感受」來表現。例如，負面的自我暗示常會在面對職場上無法解決或是難以處理的狀況時出現：「再怎麼努力都比不過別人」、「無法解決，乾脆放棄好了」。當自我暗示不斷被強化、增強，潛意識的「過濾訊息」功能，就會在未來遇到類似事件或感受時，本能地迴避某個人或任務。當我們不斷遇到類似的議題或處理不完的事情，卻只有潛意識的直覺在主導我們的回應時，容易進入惡性循環：產生逃避及無助感，在缺乏正向回饋及學習成長的環境下，就會引發倦怠感。

除了因為外部因素引發的職業倦怠感，例如：無升遷機會、壓抑的工作環境等，員工本身的心理素質也會決定職業倦怠感的出現與否。在職場上遇到的主管與同事，互動的方式多少都會與自己過往經驗中，比較排斥或偏好類型的人相呼應。被分配到的工作內容、主責業務，如何處理和領導工作事項的方法，會對應到自己在家庭裡的角色。這些都是在我們成長過程中被定型的模樣，但會在不同的人生階段以不同面貌展現出來。以另外一個角度來看，**「職業倦怠感」也是讓我們窺探在潛意識當中，需要被關注的自己，更加了解自己需求的一個警訊。**

學習擁抱負面情緒，其實你不差！

首先，我們必須先了解，潛意識的運作有其特性，潛意識和意識之間的溝通橋梁是「自我暗示」。當潛意識倦怠時，較容易出現負面的自我暗示，進而帶出較消極、負面的行為表現。而我們不需要思考如何改善潛意識的運作，而是嘗試在負面的自我暗示出現時，先察覺自己的狀態，減少因為情緒化而未經思考的言論或決定。例如，在與主管溝通的過程當中，對方的評論會讓自己很在意，瞬間覺得自己能力很差，對於自己負責的業務缺乏動力執行、想放棄。此時，要先察覺「覺得自己很差」的部分，先不需花時間探討「為何我會在意」。

當我們試著用覺察的方式去了解負面暗示時，會使用較多的主觀意識去運作大腦，減少被潛意識牽著走的機會。**正視自己的不舒服、學會去面對和處理這種感受，就是在轉換消極潛意識的過程。**

透過誠實地去看待自己需要補足的部分，並開始計劃如何以行動改變目前的狀態，就能跳脫倦怠感、幫助自己往更好的狀態邁進。

大腦知識

面對潛意識倦怠與負面暗示的練習

你有多久沒有好好靜下來、和自己的情緒共處呢？當負面想法再次襲擊時，建議大家可以嘗試以下方法：

拿出一張紙和一支筆，把負面想法與暗示帶給你的感受寫下來。以「我覺得……」開頭，再以「我感覺……（情緒）」寫下感受。在寫下這些想法和感受的過程當中，身體應該也會有一些不舒服的反應。例如，胃痛、呼吸急促、啜泣、心跳加速等。此時，先不要急著走開，可以找個舒適的位置，讓自己好好坐著或躺著，感受一下身體上的變化。當我們能夠學會接受這些不舒服後，在面對因為潛意識主導帶來的負面情緒困擾時，會更具備自我修復的能力。

怎麼想就會看到什麼，接著影響怎麼做

啟動深思熟慮系統時，會占掉非常大的資訊空間，適時切換與保持平衡，才能避免大腦過度疲勞。

我們的期待本身就會影響到大腦的判斷，康乃爾大學心理學家大衛・鄧寧（David Dunning）曾做過一個有趣的實驗。他發現人的期待會改變現實中實際的判斷。

在實驗中，他跟受測者說等會看到的圖片會影響接下來要喝的兩種飲料，一杯是新鮮美味柳橙汁，另一杯是健康精力湯。然後跟其中一半接受實驗的人說：「如

果看到海洋動物，要喝的飲料是健康精力湯；如果看到的是農場動物，要喝的是柳橙汁。」接著跟另一半接受實驗的人講相反的訊息，也就是看到農場動物，喝的是精力湯；看到海洋動物，喝的是柳橙汁。一半的人接收到「海洋動物＝柳橙汁」的暗示，另一半的人接收到「農場動物＝柳橙汁」的暗示，最終想要看潛意識裡的動機，會不會產生偏差。結果想要看到農場動物的人有六十七％宣稱看到的是馬；期待看到海洋動物的人有七十三％宣稱看到了海豹。這樣的結果說明，意識的感知與決策其實會受到潛意識動機影響[9]。

要判斷是什麼動物，是相對簡單的題目。但在日常生活中，要判斷的事物非常複雜，如果真的要一個一個處理，很可能會處理不完；**所以面對複雜的日常生活情境時，大腦總會優先透過潛意識的運**

9　Balcetis, E., & Dunning, D.（2006）. See what you want to see: motivational influences on visual perception. *Journal of personality and social psychology*, 91(4), 612–625. https://doi.org/10.1037/0022-3514.91.4.612

作，篩選出適合的方案，然後再提供給意識合適的解釋方式，或者再提供給意識作為判斷。

大腦的雙核心系統：快思與慢想

在我們的大腦中，有兩種決策系統：系統一與系統二。系統一是直覺思考，系統二是深入思考。大腦本身雖然耗能，但如果能夠以經驗法則或直覺思考運作，就不會想深入思考。大腦的雙核心運作，一個是耗費力氣需要心力投入思考的「控制系統」，也和意識控制有關係，也就是當你要特別用專注力，才能夠執行的系統。另一個則與本能反應有關，直覺性思考的「自動系統」，通常是透過直覺性或者下意識地做決定。如果以開車為例，一個是手動駕駛，一個就是自動駕駛，兩個系統都是彼此調和在運作。二〇〇二年諾貝爾經濟學獎得主丹尼爾．卡尼曼（Daniel Kahneman）的《快思慢想（Thinking，Fast and Slow）》，就是在說明大腦有快思

（自動系統）和慢想（控制系統）。雖然慢想到最後有最終決定權，**但因為大腦喜歡輕鬆的工作，很容易接受快思的系統一來過日子。所以潛意識裡的快思，執行什麼樣的程式，會很容易執行出來。**

所謂的「快思」，即是不假思索利用直覺對外在刺激做出反應，也是大腦的本事。為了能夠達成這種自動駕駛的模式，大腦不斷地調整變化，重新塑造與變化。能把這些程式編碼透過專屬的標記，將這些編碼寫入大腦神經網絡中，就能用很少的能量來完成複雜的動作。所以一開始覺得需要耗費心力去學習的內容，就會從「控制歷程」，逐漸進化到「自動化歷程」。起步都比較辛苦，但只要開始啟動，就會逐漸駕輕就熟。

當你準備做出決策時，需要深思熟慮，這部分與大腦前額葉皮質有關。而這個區域的成熟程度，也與我們常提到的「講道理」、「控制自己」或「思考計畫」有關，是否有遠見也與之息息相關。講道理不僅僅需要邏輯思考的能力，面對許多狀況也要能找出最佳的應對方式。回想過去的經驗，釐清當前狀況，找出線索以及應對方式，在這個過程中需要檢視這些訊息，並做出適當的反應。人類的大腦與心智是一個迴圈，身體會影響心理，而心理也會影響身體。因此，對身體好一點，就能有效提升大腦表現；多留意一下大腦的狀態，也會讓我們身心更加健康，不讓自己過度心力交瘁。

工作時，別讓「慢想」占掉腦中太多記憶體

「慢想」這樣的深思熟慮歷程，也讓我們能夠對生活進行目標設定以及計畫，讓我們能夠朝著目標前進。計畫是需要抽象思考，以及預設一些可能發生的情境，接著籌畫要達成目標的可能方法，或當某些情境發生時，有沒有替代方案的策略。然後，從這些可能的方法當中，做出決策。因此，深思熟慮讓我們在面對生活時可以運籌帷幄。但大腦畢竟不是機器，不太可能一天二十四小時都如此完美地運作，因為**大腦在啟動深思熟慮的系統時，會占掉非常大的資訊空間，這個資訊空間稱之為「工作記憶（working memory）」。而這樣的資訊空間大概只能容納七個單位，**

後來研究也發現可能只有三到四個單位。當你要處理事情的時候，辦公桌上只能有七樣工具；或是在你要記下某個重要事項時，只有七張便條紙可以使用，每用去一樣就少一樣，除非將其他的留下來。資訊過多就容易當機或者出錯，深思熟慮的系統雖然很聰明，但仍然得按部就班地處理工作訊息。

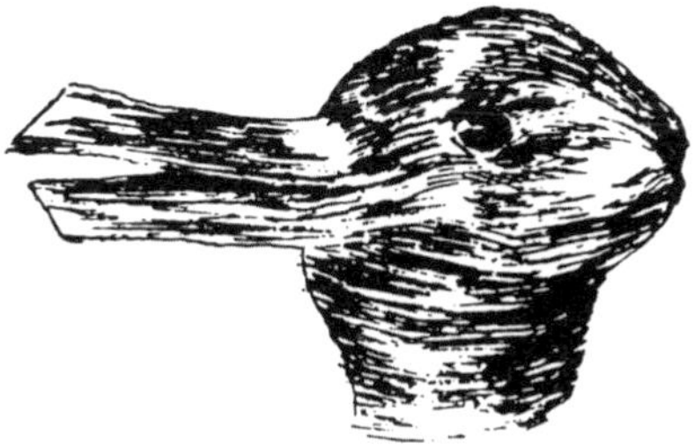

在這張圖片中，你看到的是鴨子還是兔子？有些人第一眼看到的是鴨子，有些人第一眼看到的是兔子。同一張圖片，每個人看到的不一樣，但每一次都只能看到一種。這也是為什麼相同的刺激，你可以解釋為正向的，也可以歸咎於負向的，但卻很難同時存在正向與負向。

這和注意力很相似，大腦不太可能一心多用，注意力通常是在不同的任務上做快速的切換。**而要避免大腦疲勞或增進健康狀態，其實就是保持好習慣比壞習慣多一些，別讓自己憂鬱、沮喪，讓快樂的時間比悲傷的時間多一些。**小小的累積，就能創造巨大的能量。

提升心理韌性的LEAD法則

每當腦海中出現一個負面想法時，鼓勵自己想出三個做得好的點。

其實人的個性也是思考之下的產物，我們每天產生各式各樣的想法，只是潛意識會自動過濾，但這些思考負面的比率占得很高，因為悲觀心理是讓我們延續生命不可或缺的要素。人生中意外事件總是難免，但是意外事件不一定是災難，如果過度放大負向的悲觀想法甚至災難化，就會耗費大腦的心力，使大腦產生疲勞。交通要道上難免有擦撞，這是意外事件，但是若把每一次的擦撞都當成死亡車禍，那就是非理性思考。但該如何客觀地檢視日常生活所出現的想法、提升抗壓性，就是所謂的「心理堅韌性（Resilience）」。

心理學家茱莉・K・諾雷姆（Julie Norem）和南茜・康托爾（Nancy Cantor）提出「防禦性悲觀（Defensive Pessimism）」的觀點，打破了負向思考是不好的概念。防禦性悲觀並不是消極性悲觀，而是一種防禦措施，**讓人事先預想到各種糟糕的情況，以便事件發生時可以有應對措施，這樣反而在意外狀況時，能有相應對的方法，並降低失敗的可能。**就像《中庸》裡寫道：「凡事豫則立，不豫則廢。」有著防禦性悲觀思維的人和積極樂觀者的工作表現，常常不相上下。但是，每個人的個性本來就不同，就像內向和外向的個體在面對人際互動的模式不一樣，沒有好或不好。無論自身是樂觀主義亦或是有點防禦性悲觀，能夠了解自己大腦傾向哪種應對機制，進而做出最適合自己的決策，才是最重要的。

鍛鍊逆境商數ＡＱ

逆境商數是（Adversity Quotient，簡稱為ＡＱ）是一個人在面對生命當中的困境時，思考、處理、忍受的能力。提出此概念的保羅・G・斯托爾茲（Paul Stoltz）博士也依據ＡＱ將人分為三種：放棄者（Quitters）、紮營者（Campers）、攀登者（Climbers）。

◆ **放棄者（Quitters）**：較容易受到打擊、面對解決問題較無動力、習得無助感強烈、容易放棄。

◆ **紮營者（Campers）**：準備好面對挑戰但無法堅持，較偏好舒適的生活，遇到負面的經驗會容易怯步、偏好人生過得順遂。

◆ **攀登者（Climbers）**：積極面對挑戰、在沒達標前不放棄、正面迎接挑戰且不失去盼望。

保羅博士認為，不論你屬於哪種類型，都有機會透過練習提高ＡＱ，成為攀登者。他提出四個方式來衡量自己的ＡＱ。

1. 控制（Control）：指對於困境來臨時的掌握，能在困境失控前掌握多少自己可控制的部分？

2. 責任（Ownership）：指能夠承擔的能力。當困境來臨時，你能承擔多少部分並願意找方法處理？

3. 範圍（Reach）：指困境影響你的範圍有多大。在面臨困境時你能做到多少來預防事件對工作、家庭或是個人生活的影響？

4. 忍受力（Endurance）：指忍受挫折的程度。在面對逆境時你能夠正面迎戰並相信在最後會有好的收穫嗎？

在評量以上的程度時，建議可以使用1－10分的分數來「量化」感受。例如：1分為無法掌握困境、無法承擔責任、影響範圍無法預防、忍受程度低；10分為最理想的狀態。使用紙筆來記錄以上結果，可以較清楚的看出自己在各點比例是多少。請記得，每個人的適應能力不同，因此結果也不會同。先了解自己的ＡＱ是屬於哪種類型，才能對症下藥。

要學習如何從放棄者變成攀登者可以掌握LEAD原則：

1. 觀察面對逆境的反應（Listen to your response to adversity）：

• 情緒用事VS.理智行事：試著想想，若今天老闆突然交給你一個重大任務，並要求要在特定期限完成時，你的反應會是什麼呢？是先抱怨、哭天搶地，還是進入思考模式，絞盡腦汁該如何分配時間與交辦事項？

• 善用認知三角形了解自己的認知迴路：想法、情緒和行為，這三者是彼此互相影響、共存的。有些人遇到困難時是情緒主導，有些人則是想法主導。回想第一個問題

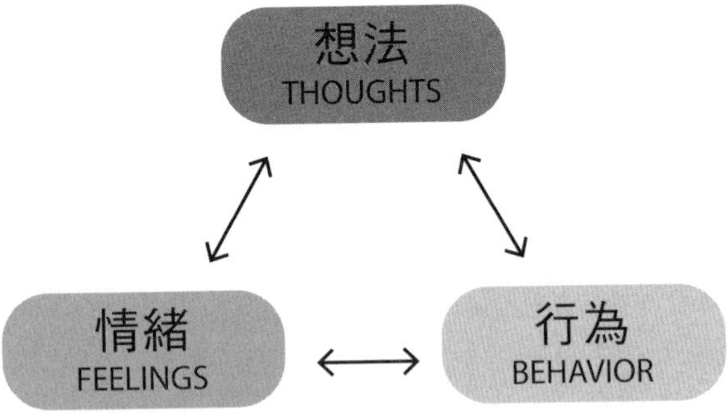

想法
THOUGHTS

情緒
FEELINGS

行為
BEHAVIOR

認知三角形 The Cognitive Triangle

善用認知三角形了解自己的認知迴路

並寫下自己的反應，可以幫助你了解自己是屬於哪種類型主導的人，及面對難題的思考迴路。

事件： 老闆突然交給你一個重大任務，並要求要在特定期限完成。

情緒： 為什麼又是我？我怎麼這麼倒楣？

想法： 我做不到，只有三天怎麼可能做得完？

行為： 拖拖拉拉、知道要做但是又沒動力和靈感。

2. 探索困境並承擔責任（Establish accountability）：

- 評分事件：要打敗敵人，得先了解敵人。先把事件本身的困難程度用1分（簡單）到10分（困難）評分、了解事件本身的難易程度。
- 分析事件：拆開事件本身，了解自己覺得困難的原因。這個部分或許會需要一點時間完成，但過程可以幫助我們更仔細了解困難本身，並找出自己可以處理及應對的部分。

- 評估可承擔或解決範圍：接下來可以看各困難點的項目，試想是否為自己能力範圍可以承擔或解決的？

評分事件 老闆突然交代給你一個重大任務，並要求要在特定期限完成↓我的評分是8分。

分析事件 困難點（依據高到低排序）

A. 有時間限制壓力很大。

B. 覺得自己無法勝任。

C. 任務本身有些部分不知道該如何處理。

評估可承擔或解決範圍

A. 有時間限制壓力很大：自己能夠處理的時間？是否能溝通爭取多點時間處理？

B. 覺得自己無法勝任：哪些部分可以處理？是否需要請他人協助？

C. 任務本身有些部分不知道該如何處理：和主管提出自己不清楚的部分？

3. 分析困境及影響自己往前一步的障礙（Analyze the evidence）：

- 了解心態：利用觀察面對逆境的反應（Listen to your response to adversity）的認知三角形及探索困境並承擔責任（Establish accountability）的排序分析，我們可以看到，除了事件本身是個困難外，心態也是阻止我們往前進的原因。在這個步驟裡，我們可以結合兩點的內容去思考：**該怎麼轉換心境去面對手邊的困境？有時事件本身並不困難，而是因為經驗塑形而成的挫敗感，讓我們害怕失敗。**

- 挑戰認知：在上述的例子裡，我們可以看到「為什麼又是我？」、「我怎麼這麼衰」這樣的情緒會影響到後面的行為、牽動我們可以找到解決辦法的契機。因此，我們要利用探索困境並承擔困境裡所衍生的責任，突破自己的心魔，不斷的重複行為方面的介入、練習用不同的方式去處理事件、不要讓情緒主導我們。另外，從上述的案例也可以看到，請求他人協助也是一個能完成任務的方式。

4. 開始行動（Do something）：

這個步驟是最簡單卻也是最困難的部分。前面花了許多時間思考，接下來要將計畫化為行動。

• 1：3法則：在練習行為上的改變時，難免會出現自我質疑的聲音。每當出現一個負面想法時，鼓勵自己想出三個做得好的點。

• 適時尋求協助：向他人尋求幫助不是懦弱的表現，是對自己行為理解的掌握。不用因為需要他人幫助而感到羞愧，而是對於自己能力所及的部分盡力，其他部分則善用資源來處理。

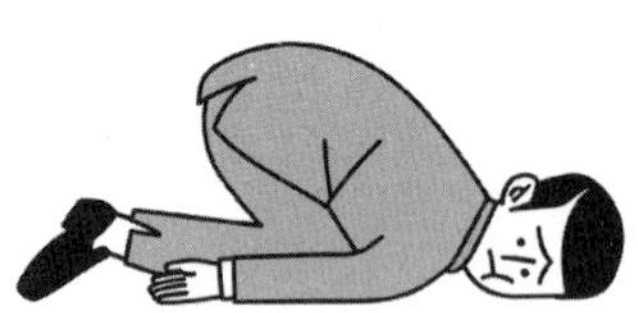

讓大腦進入離線狀態，是提升工作效能最佳方法！

優質的睡眠，可以讓大腦暫時休息。

睡眠時間不足，專注力和判斷力都會變差，工作效能也會降低。

意識輕度改變，一般常見的狀態是「白日夢（Day dreaming）」。注意力轉為處理內在的記憶、期望與慾念，還時常伴隨著鮮明的心像。白日夢最常發生在個人獨處、放鬆、昏昏欲睡，或從事一件無聊的例行性工作時。學生在課堂上，外在刺激或者教師授課內容無法吸引學生注意力時，就可能發生這種情況。

一般我們將「睡眠」視為一段腦部脫離外界的時間，稱之為「離線狀態（Offline）」，這時主要篩選白天輸入的訊息，並將它整合進長期記憶中。而在夢中，腦部又會暫時重新連線（On-line），意識的心靈就會監測到發生修改以及重組的訊息。腦部會以詮釋外在世界的方式來詮釋這些訊息，同時引發虛構事件而形成所謂的夢境。

睡眠，能恢復生理、修復情緒與鞏固記憶

有關睡眠功能的理論眾多，多數理論都相信睡眠的重要性在於生理與心智狀態上的恢復和精力保存。動物研究發現，在睡眠被剝奪二至三週後，會導致動物體的代謝及體溫調節系統失調，最後導致死亡。**而人類的研究則發現，睡眠被剝奪會使免疫力下降，增加疾病的發生率以及疼痛的敏感度提高，並影響情緒與認知功能。**

◆睡眠能增進產值

當有一晚高品質的睡眠，能夠提升專注力，在做決策與判斷時，也能夠提升準確度，並能提高執行力。

◆睡好就能學好

學生如果有較多的睡眠時間，早點上床睡覺、起床時間延後一點，他們的學業表現會比較好。因此，睡眠問題和學習障礙之間有些關連存在。在密集學習後，睡眠對於恢復可塑性引起的疲勞和表現是必要的[10]。

◆睡眠不足也和負向情緒反應有關

青少年睡眠總時間縮短與憂鬱情緒有顯著相關。研究也指出，青少年睡眠不足也較容易出現問題行為。

10 Nelson,A. B.,Ricci,S.,Tatti,E.,Panday,P.,Girau,E.,Lin,J.,Thomson,B. O.,Chen,H.,Marshall,W.,Tononi,G.,Cirelli,C.,& Ghilardi,M. F.(2021). Neural fatigue due to intensive learning is reversed by a nap but not by quiet waking. *Sleep*,44(1),zsaa143. https://doi.org/10.1093/sleep/zsaa143

法國衛生經濟與管理中心的研究發現，**如果晚上睡眠狀況不佳，我們反應時間和做出決定的速度會明顯下降。**擁有良好睡眠品質的個體，可以更快做出決定，而且做出的決定準確性也較高。比較睡眠充足的族群，與有輕微倦怠感或是睡眠不足的族群兩者之間的決策行為，睡眠不足產生疲倦感的族群會出現較高的誤判風險。若能提高判斷的準確率，後續則比較不需要收拾爛攤子。

透過睡眠可以替大腦消除疲勞，研究發現睡眠過程就像是替大腦進行修復[11]（如同替大腦進行了醫美雷射，產生逆齡的效果）；睡眠不足很容易出現疲勞倦怠感。而躺在床上很多人都還想著工作上的事，捨不得讓自己睡覺；現在許多狀況都是工作優先，剩下的時間再拿來睡覺。但真的開始覺得勞累，想睡又睡不著，擔心自己失眠，於是日復一日的失眠吞噬著自己的健康。這是一種惡性循環，睡眠時間越不足，專注力和判斷力都會變差，工作效能也會降低，使得工作上難以表現出應有的水準。

睡眠有助於預防大腦老化，長期失眠與阿茲海默氏症有很高的相關性，而其中β澱粉蛋白（Aβ）的沉積又和阿茲海默氏症的病理有關。荷蘭的心理學家曾做過一項研究，來比較一個晚上的睡眠對於 β 澱粉蛋白的影響。實驗找來健康的中年男子，一組讓他們好好睡一晚，另一組請他們暫時熬夜一晚。接著，比較早上起床後 β 澱粉蛋白的濃度，結果發現一夜好眠後 β 澱粉蛋白的濃度水平下降了[12]。

睡眠的結構

在睡眠過程中，我們並不學習新的事物，亦即沒有新的資訊儲存至大腦中。因為即使某些刺激進入睡眠中的大腦，除非醒過來，否則這些資訊無法被保留下來。

11　Xie, L., Kang, H., Xu, Q., Chen, M. J., Liao, Y., Thiyagarajan, M., O'Donnell, J., Christensen, D. J., Nicholson, C., Iliff, J. J., Takano, T., Deane, R., & Nedergaard, M. (2013). Sleep drives metabolite clearance from the adult brain. *Science (New York, N.Y.)*, 342(6156), 373–377. https://doi.org/10.1126/science.1241224

12　Ooms, S., Overeem, S., Besse, K., Rikkert, M. O., Verbeek, M., & Claassen, J. A. (2014). Effect of 1 night of total sleep deprivation on cerebrospinal fluid β-amyloid 42 in healthy middle-aged men: a randomized clinical trial. JAMA neurology, 71(8), 971–977. https://doi.org/10.1001/jamaneurol.2014.1173

睡眠可能會增進記憶，負責儲存某些經驗的神經元網絡中，其突觸（Synapse）的強度可能在睡眠中受到強化。在清醒時所獲得的訊息，會活化一些神經突觸，這些活化的突觸是透過蛋白質改變形成記憶的可能區域，在睡眠過程中，大腦中的神經會再次活化（Reactivation），當膽鹼類神經傳導物質與這些區域相互作用時，會改變突觸本身的特性，並將登錄的訊息轉換成可永久儲存的記憶。

因此，另一個探討睡眠中活化記憶的證據，是來自神經活性的改變。這些證據主要是自來齧齒類動物的神經電生理記錄，研究者認為新獲得的記憶會在睡眠過程中重新活化。例如，細胞內的研究（In Vivo）發現大腦新皮質區的神經細胞，在慢波睡眠過程中會自動地的再次活化。**也就是白天學習到的東西，只要晚上好好睡一覺，就可以在大腦裡把這些資訊重新跑過一次。**

睡眠對一個人的工作效能及表現，占了舉足輕重的地位。睡眠好的狀況下，大腦的運作及情緒調節的穩定性較高；睡眠狀況差，大腦的處理效能降低許多，連帶會影響到工作產值及學習力。職業倦怠感並非一天造成，也不是單一事件所引發。

當外在環境有太多變動因子時，內在狀態若也跟著不穩定，做起事來的感受及效率一定無法如預期的好。因此，了解自己的生活型態如睡眠狀況、飲食及運動習慣，也都是預防倦怠感出現的重要環節。

工作壓力造成的失眠，要從根本治療！

找出失眠的各種可能原因，學習讓睡眠重新與床鋪連結，利用放鬆的感覺重新與睡眠環境配對。

當工作壓力大到失眠的時候，很多不想上班的心情是：「那換一份比較沒有壓力的工作好了。」殊不知，工作壓力並不會因為變換工作而消失，而是壓力的型態改變，你當下不想面對的，只是用換工作來暫時逃避。

因為現在感受到壓力很大，所以不想上班，覺得換個工作一切問題就會迎刃而解。但如果換工作，基本上就有三種可能發展：一種是變得更好、一種是持平、一種是變差。如果是持平，那就代表你現在所面對的工作壓力，在新的工作場域依然會遇到，只是人、事、物和場景換了。**一開始可能會覺得輕鬆，認為這是對的選擇，如同上班換條路徑，讓自己的大腦接受全新刺激，會短暫覺得這是正確的選擇。但如果是職場上必須處理的問題，並不會因為換工作而消失。**

萬一換工作變得更差呢？只是從一個火坑跳到另外一個火坑，然後獲得讓你更睡不著的壓力。如果換工作是變得更好？恭喜你，找到夢幻的工作，但事實上只有⅓的機率可以如願以償。⅓變差、⅓持平、⅓如願以償。如果你想從一個火坑跳進另一個比較不熱的火坑，或者想闖闖看是不是會更好，那麼就試試看吧！

睡不著有很多種，你的失眠是哪種？

想睡覺時，彷彿能睡掉整個夜晚，這是「幸福」；等到真的睡著了，一共也只睡了兩分鐘，這就是「失眠」。當藍黑色的布幕蓋上地球時，天邊的星星在遠方仍閃耀著，彷彿在計數你入眠的時間，一明一滅、明滅之間的閃爍，不是一種浪漫，是一種焦慮。

大多數經歷失眠的人，都會直覺感受到自己睡不好，但究竟是怎麼樣睡不好卻說不出來。其實只要仔細分析，就可以很輕易地發現自己的失眠模式，同時也比較好針對核心睡眠問題處理。以下是幾種比較常見的失眠類型：

◆入睡困難型（Difficulty falling asleep）

上床後經過輾轉反側的奮鬥仍無法入眠，通常超過三十分鐘以上仍無法入睡。屬於這類型的人，躺在床上會翻來覆去難以入睡，並且前期都處於淺眠狀態。

◆無法熟睡型（Difficulty staying asleep）

一整夜睡睡醒醒，雖然沒有入睡困難，但一直處於淺眠或睡眠中斷的狀態。無法熟睡型的患者，雖然躺在床上可以很順利入睡，但是睡到一半很容易睡眠中斷，或者無法熟睡，感覺處於淺眠的狀態。

◆清晨早醒型（Early morning awakening）

天還沒有亮就醒來，並且醒來之後就無法再入睡。清晨早醒型的人，晚上躺在床上可以順利入睡，睡著後的品質也還不錯，無奈就是很容易早醒，醒來後就無法睡著了。

失眠不單僅是睡不好，當心有其他潛在疾病！

許多失眠患者想到睡覺就痛苦，夜幕低垂時內心也開始焦慮今晚是否能順利入睡？擔心安眠藥物的副作用，不服用助眠藥物卻又躺在床上睡不著，內心煎熬也影響著健康。大家以為晚上睡不好就是失眠，從睡眠醫學的觀點來看，失眠可能是環境壓力造成的心因性失眠，也可能是其他潛在疾病所產生的失眠。

臨床上容易出現失眠的身心障礙或睡眠疾患，包括：

◆精神心理性疾患

憂鬱、躁鬱或焦慮症都容易出現睡眠品質差，患者卻往往以為僅是睡不好，而延誤心理精神醫療的時機。

◆睡眠呼吸中止症

入睡後因為呼吸道阻塞，造成缺氧，而出現淺眠。早上醒來容易頭痛，覺得整晚睡眠後無法恢復精神，患者會覺得自己睡得不好，因而服用具肌肉鬆弛效果的安眠藥物，結果使得呼吸道因肌肉更放鬆而塌陷得更嚴重。

◆不寧肢體抽動症

入睡後大拇指或腳背向上彎曲，肢體會有不自覺的抽動，多數患者難以覺察，但這種情況容易造成淺眠，也可能是神經退化疾病的前兆。

◆生理時鐘紊亂症

輪班工作者在工作與睡眠時間轉換之際，常出現入睡困難，得依照專業建議，透過光照治療或褪黑激素來調整生理時鐘造成的睡眠不佳。

◆睡眠衛生習慣差

睡前抽菸喝酒，白天飲用過多含咖啡因的飲料，患者為了補眠，白天會一直躺在床上休息，使得晚上睡眠驅力降低而造成淺眠，這時，調整睡眠習慣即能增進睡眠。

◆生理疾病影響

許多生理疾病會造成睡眠狀況變差，像是疼痛、暈眩等，若僅服用安眠藥可能會延誤治療時機。

別將床鋪變成辦公的地方！

原本讓我們睡覺的地方，慢慢變成辦公的地方。在床上看著房間內的電視、在床上看書、在床上使用平板電腦、在床上構思明天會議內容……，在古典制約裡，「床鋪」應該要與「優質睡眠」形成連結，但當我們把床鋪變成辦公用的地方後，身體就會學習到「床鋪」和「清醒」配對。

這樣會產生什麼現象呢？你是否遇過坐在客廳的沙發就打盹，但躺回床上就又醒過來睡不著？又或者躺在床上就會翻來覆去，感覺睡不好，然後換一張床或者去其他的床鋪睡覺，好像又可以睡著。但過了一段時間，效果又減弱。**其實是身體學習到：「床鋪不是拿來睡覺。」**

既然身體學到躺在床鋪不乖乖地睡覺，該怎麼辦呢？那就離開床鋪吧！等有想睡意時再回到床上。這個方法在睡眠行為學中稱為「刺激控制法（Stimulus Control Therapy）」。刺激控制法是降低「睡眠環境」與「清醒焦慮感受」的連結，**利用放鬆的感覺重新與睡眠環境配對，讓身體學習到躺在床上或是進到臥室就有睡意。**

改善失眠，勇敢離開床鋪的三原則

一、床鋪僅供睡覺用

確保自己躺在床上都是有睡意，避免在床上使用3C產品、看電視、看書或者從事與睡眠無關的行為，如思考工作內容。

二、想睡覺時才上床

有睡意時才去躺在床上，很多失眠患者都以為早一點躺在床上，是不是就可以多少補一些眠？但是早一點躺在床上不一定會讓你馬上睡著，反而會因為時間過去未入睡，而增加焦慮感受。

三、躺在床上沒睡就起床

躺在床上二十至三十分鐘，若感覺沒有睡意，就離開床鋪坐在沙發上，做些靜態放鬆的活動，等有睡意時再躺回床上；如果躺回床上經過三十分鐘仍無法入睡，就再離開床鋪做放鬆的活動，重複該步驟直到當晚睡著為止。

有些個案嘗試使用這些方法後，會在一到二週內改善長久以來的失眠。睡眠很奇妙，當你越不在意的時候，反而越能一夜好眠。就像心理學家杜波瓦（James DuBois）說過：「睡眠就像飛到手邊的鴿子，你不理牠時，牠就會在那裡，但當你想抓住牠時，牠馬上展翅而去。」

自我練習

1. 穩定作息時間，不管前晚幾點入睡，建議隔天仍固定時間起床。
2. 建立舒適的睡眠環境，控制溫濕度以及避免噪音干擾睡眠。
3. 床僅用來睡眠，避免在床上從事與睡眠無關的行為，像是看電視、閱讀、聽音樂或滑手機等。
4. 培養運動習慣，但避免睡前四小時做激烈運動。

5. 不要飲用含咖啡因飲料，睡前也避免飲酒或抽菸。
6. 睡前不要大吃大喝，以免影響睡眠。
7. 躺床超過三十分鐘仍無法入睡，起來做靜態活動，待有睡意再躺回床上。
8. 睡不著時，避免盯著時鐘看，以免增加挫折或焦慮感。
9. 白天避免補眠，中午午休不要超過三十分鐘。

酒精能讓你入睡，也能破壞睡眠！

別飲酒助眠與喝咖啡提神，形成惡性循環。

透過失眠的認知行為調整與大腦訓練，有機會讓失眠不藥而癒。

許多人白天工作時難以集中注意力，事情做不完，接著就會繼續加班，然後熬夜。晚上沒有睡好，是因為白天工作效率不佳，所以將事情積累到晚上，每件任務都沒有辦法專心致志，白天就會想透過咖啡、茶或提神飲料讓自己維持專注清醒。這些飲料都含有咖啡因，咖啡因是中樞神經興奮劑，會維持精神清醒卻也會抑制睡眠。飲用過量或者中午過後仍攝取咖啡因，身體還來不及代謝完咖啡因，到晚上該入睡時就會影響睡眠。

許多失眠的人會極力否認咖啡因對自己睡眠的影響，然後說以前晚上喝咖啡還是睡得著，所以咖啡因不是構成失眠的主因。但是，**大家都會忽略了大腦與身體一樣會老化的事實，過去主觀認為咖啡因對睡眠沒有影響，但是並不代表以後都不會有影響。**如果白天很睏、睡意很濃，那麼有可能是晚上睡眠品質不佳，而睡眠品質不佳不是只有失眠，很多睡眠問題都會影響白天的睏倦程度。如果精神不繼到造成工作上的困擾，建議盡快尋求睡眠中心或睡眠醫學專業協助。

許多時候出現不想上班症候群，勞心勞力到最後有氣無力，這樣的疲倦感通常不會發現是受到睡眠問題所影響。甚至還可能會被貼上不好好上班的怠惰標籤，然後就進入到不想上班、時間越拖越長、晚上睡眠不足、白天精神不濟、工作效率不佳，又開啟另一天不想上班症候群。

如果白天精神真的不好，最好的方法是小睡片刻十至十五分鐘。但目前的上班環境，在工作中趴下十分鐘通常會有心理壓力，於是就讓自己逞強，咖啡一杯一杯的續，讓自己提神但未必會醒腦。累，是身體在呼救，是大腦在哀號，需要的是休息。**在職場環境中，鼓勵員工們累了能夠好好休息，創造一個心理安適的職業安全環境，那麼精神飽滿的員工，一定可以用腦創造更多價值。**

雪上加霜的失眠：白天咖啡提神、晚上酒精麻痺

多數人都有小酌的經驗，只是每個人對小酌的定義不同，同樣是只喝一點，有人喝的是啤酒、有人喝的是烈酒，有人喝的是一杯、有人喝的是一手。但無論如何，除了喝完聽見酒後的心聲外，大概就是會有放鬆、容易入睡的感覺。酒精具有抑制大腦神經系統的作用，讓人可以很快入睡。但是，酒精也會破壞晚上的睡眠結構。酒精在短期內可以幫助入睡，但很快就會代謝掉，睡眠後半段就會睡得很不安穩，甚至會出現很淺眠多夢。長期使用酒精助眠，一開始酒量不好的人，可能一瓶啤酒就可以入眠，但酒量和食量一樣，也是會越來越大的，一瓶啤酒的威力可能需要加

量到一瓶紅酒，接著再追加成一瓶烈酒，為了得到相同的入睡感覺，最後變成需要海量。

有些失眠的工作者，寧可晚上飲酒助眠，結果睡得不好、白天精神狀況不佳，然後再飲用含咖啡因的食物或飲料提神，到了晚上又睡不好，接著再喝酒，最後陷入無限迴圈。大腦對酒精敏感，喝了之後很容易作出錯誤的判斷，或者讓自己的抑制能力不好，最後敗給意志力。許多出現不想上班症候群的人，寧可選擇喝酒，也不願意短期服用安眠藥，這樣的決策選擇，也是大腦的錯覺。**長期飲酒和短期使用安眠藥對身體的衝擊，飲酒絕對比安眠藥的負面影響更大，如果逼不得已非得依靠物質來助眠，那麼藥物對於酒精還是比較好的選擇。**如果不想靠藥物或靠物質助眠，就得透過養成非藥物好眠的習慣。羅馬並非一天造成，失眠也不是突然不寐，透過失眠的認知行為調整與大腦訓練搭配，有機會讓失眠不藥而癒。

在早晨的忙碌工作之前，多數人會選擇搭配一杯咖啡或茶來迎接一天的開始。通常喝了咖啡之會有提神醒腦的感覺，精神與專注力都能提升。但也有一部分的人喝了咖啡之後，會產生一些不適感。例如，心跳加快、緊張、胃酸、失眠等。在討論咖啡因對人體的好壞之前，不如先了解一下咖啡因對人體的影響為何。

人在疲憊或有睡意的時候，大腦會分泌一種稱為腺苷（Adenosine）的物質，腺苷會與腺苷受體結合進入神經細胞，同時抑制腦內多巴胺與正腎上腺素的傳遞，多巴胺與正腎上腺素是人體提升專注與警覺的重要神經傳導物質，因此會感到精神疲倦而想睡覺。清醒的時候，腺苷在身體中逐漸累積，當最後腦中和腺苷結合的腺苷受體很多時，便會發出訊號「差不多了，該睡覺了。」而咖啡因會取代腺苷與腺苷受體結合，截斷了這個程序。如果結合得過多，大腦就不會收到需要睡覺的訊息。

咖啡因跟腺苷的化學式相當類似，能順利經過血腦屏障流入大腦，**咖啡因會搶先跟腺苷受體結合，但無法產生正常的神經傳導與離子交換，導致多巴胺與正腎上腺素無法被抑止，而不會出現正常的疲憊感。**也就是阻止了腺苷的交流，提升了多巴胺與正腎上腺素的流通，因而能感到精神提升。不少研究證明指出，咖啡因可以提升專注力、反應速度、警覺程度等認知功能，進而提高工作效率，甚至有研究顯示，適度地長期喝咖啡可以降低失智症的機率。

以上研究都支持了喝咖啡提神醒腦的正面功效，但也有一部分的人長期喝咖啡，會導致另一種不良反應，就是所謂的「咖啡成癮戒斷症狀」。當長期使用咖啡因，腺苷受體為了達到一定的傳導濃度，會發展出更多的受體。

所以當習慣咖啡因後，一旦突然不喝了，大量的腺苷受體會大量降低腦中腺苷濃度而產生強烈疲備感。而結合的腺苷受體也會抑制多巴胺與正腎上腺素分泌，短時間內突然減少的多巴胺與正腎上腺素，會讓人體感到十分嗜睡、頭昏、專注力降低、動作緩慢、肌肉痠痛等，這也就是所謂的「咖啡成癮戒斷症狀」，就像是鳩占鵲巢、提神醒腦後的大反撲。

大腦知識

總之，適量飲用咖啡是最安全的方法，至於多少量才算適量？這得依個人的反應而定，偶爾喝喝絕對無傷大雅，但若是成癮的話，可能就要小心留意了。

Chapter 3

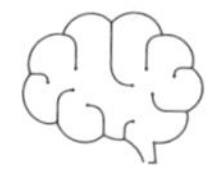

職業倦怠三部曲

(Rumination)

無力感、無助感、無望感

職業倦怠常出現無力感、焦慮甚至憂鬱，多留意自己可能出現相關的徵兆，除了檢視自己，也可以觀察同儕是否已經出現過度負荷的情況。

職業倦怠的輕症——出現無力感

工作不能只看目標與結果，還得考慮人性的心理因素，先了解員工需要什麼，激勵才會真正有效。

上班累，運動也累；同樣是累爆了，為什麼感覺差那麼多？差別在於是否知道自己要往哪裡去？現在的工作，每個人都拚了老命，但已不再只是為自己或老闆拚命，同時還為很多隱形的老闆賣命。就像是便利超商隨時都得上線，深怕資訊更新不夠即時，就會產生一種罪惡感，然後這種罪惡感會侵襲我們的生活。

當工作產生壓力時，壓力反應的第一個階段，身體警覺系統被啟動，就是所謂的警覺期（Alarm phase），個體開始動員身體資源來對抗壓力。在這個階段，人們為了要開始與壓力源對抗，因而出現的生理反應，**就是所謂的「急性壓力生理反應」，又稱為「戰逃反應」。人遇到緊急事件時，不是追著獵物跑（戰），就是被獵物追著跑（逃）**。戰勝了，飽餐一頓；來不及逃，被飽餐一頓。此時，大腦裡的警覺網絡開始活化，要讓自己快速判斷接下來可能面對的情況。

德國心理學家弗洛伊登伯格（Herbert Freudenberger）提出職業無力感症狀，職業倦怠的起因與工作壓力呈現高度相關。而當出現職業倦怠時的特徵包含：（一）耗竭、疲勞；（二）孤立傾向；（三）焦慮症狀或反應過度激烈；（四）覺得事必躬親；（五）非理性的想法；（六）定向感出現困難：對時間、空間、關係等感覺產生混亂的狀態；（七）病痛：身心症狀。

此外，美國社會心理學家馬斯拉赫（Christina Maslach）與傑克森（Susan E．Jackson）的研究，也將職業倦怠區分為三大類症狀：（一）沒有成就感（Accomplishment）；（二）情緒耗竭（Emotional exhaustion）；（三）自我感消失（Depersonalization）。

這三個字的字首組成了ＡＥＤ（自動體外心臟去顫器）。難怪職場中常需要準備這個東西來急救，因為常常會感覺到心累。沒有成就感其實就是每個人的動機需求不同，生存、成長和關係等需求，都是成就動機的來源。隨著時間過去，失去成就感就會開始懷疑人生。覺得自己販售給公司的新鮮肝，到底能不能獲得應有的回饋？

隨著成就感降低，持續下去就會開始出現許多負向情緒，焦慮與憂鬱交錯出現，接著是消耗自我能量。那什麼狀況會需要ＡＥＤ呢？造成疲勞紅燈的因素不外乎如下：

- **馬拉松比賽用百米的速度衝刺。**
- **給開飛機的人香蕉——沒有給予合理的報酬。**
- **不穩定的變動。**
- **和充滿負面能量的人一起共事。**

習得無助的職業倦怠

美國心理學家馬丁．賽里格曼（Martin Seligman）曾做過一個經典實驗。他讓狗狗在一個籠子裡，中間有個低矮的隔板，將籠子區分成A區和B區。狗狗在A區被電擊後，跳到B區即可免於電擊。但有一組狗狗不管在A區或B區都會被電擊，最後狗狗就消極地趴在籠子裡，即便只要跨過隔板就能免於電擊，狗狗依然不再願意嘗試。經歷了持續無法控制的痛苦，這樣也被電、那樣也被電，不管怎麼做都無法改變現狀，就會產生放棄的念頭，就算看到有興趣的工作項目，也會選擇什麼都不做。

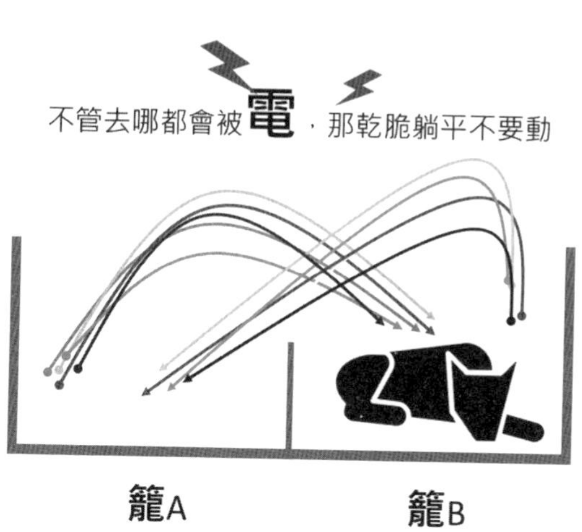

這種認為不論如何努力都無法改變現狀的想法，心理學家稱為「習得無助感（Learned helplessness）」。而產生這個現象來自一個核心信念：「做什麼都沒有用。」在職場上經常會出現類似這樣的聲音：

「我們想試試看，但是環境不允許。」

「過去就說過了，沒有用。」

「講了主管也不會聽呀！那幹嘛講？」

習得無助感在心理學上可以從兩個面向去看：一個是「習得」，另一個是「無助」。習得的意思是透過後天學到的，一開始並非不想動，而是環境讓他學到動了也沒用；無助的意思則是產生了無望感受，消極地接受現狀。**被習得無助氛圍包圍的組織，通常就是「多做多錯、少做少錯、不做不錯」、「多一事不如少一事」。**

若無法對症下藥，所有的激勵方式都很有限

有時公司會舉辦一些激勵課程，企盼激勵員工，重燃熱情投入負責的工作，但一般而言，員工出現習得無助感，並不是簡單的激勵就能解決。

出現問題時，例如，缺乏工作熱情、士氣低落、焦慮憂鬱等，可以簡單區分問題究竟是來自於「個體本身（內在）」還是「組織環境（外在）」。如果是個體本身，可提供適當的資源及彈性協助員工處理問題。體恤員工在不同的人生階段會遇到一些狀況，給予適當協助，不僅是提升員工的工作效率，長遠看來，也能建立信任及忠誠度。

例如，面對中年或是已在公司貢獻許久的員工，需要較多一對一的面談，主管可能會接觸到員工因為家庭狀況而產生的各種需求。可提供員工諮商的資源，幫助員工度過難關。在這樣狀況下的員工，有個定心錨是在混亂當中重要的存在，且相較於年輕族群，中高年齡層的員工需要的是穩定性。若公司能在合理範圍內提供這樣的支持給員工，能有效提升員工的主動性及營造出正面不批判的環境。

但如果問題是來自於外在的組織環境，這往往是系統層面的問題，並非員工獨自努力即可短時間改變。

所以，**如果想讓員工充滿熱情地工作，可以嘗試釋放部分自主權力給員工，在有限度的範圍內讓員工擁有自己可以決定的空間，這是主管應學習授權的藝術**。所謂的釋放部分自主權給員工，指的是在專案的決定、流程及規劃、執行等部分，給予員工可發揮的空間。試想，若被指派的任務都沒有自己可以發想或執行的決定權，只能「聽命行事」，這樣的工作會讓你有行動力、有熱誠嗎？因此，主管對員工的信任是非常重要的。利用良好的溝通及討論取代控制，會是一個更有效的改善方式。

現實環境很嚴苛，我們得辨別哪些只能接受現狀？哪些可以改變？但在這些過程中，不能只看目標與結果，還得一併考慮人性的心理因素，先了解員工需要什麼，激勵才能發揮真正的效果。

跳出「不想努力了！」的惡性循環

透過獎勵，誘發工作的動機，讓行為的外在因素逐漸內化為內在因素，「找到興趣」，才有機會找到天賦。

生活中有許多物極必反的狀況，像是努力工作追求夢想，但努力到最後卻發現什麼也沒有獲得，此時就會開始出現不想動的心情。因此現代社會開始出現「躺平族」，從過勞的倦怠到乾脆放棄掙扎，變成「不想努力」。

「躺平主義」高喊著「不買房、不買車、不結婚、不生娃、不消費」口號，強調「維持最低生存標準，拒絕成為他人賺錢的機器和被剝削的奴隸」，意謂著放棄婚姻、不找工作、降低物質需求等。

躺平族也受到中國大陸的「內卷」現象影響，內卷在農業社會中，指的是長期投入大量勞動力進行精耕細作，卻始終無法改善經濟問題。到了現代社會，則變成停留在自我內耗，過度付出卻沒有得到相對應的回報或實質績效。在職場的工作者每天加班一小時，其他同事為了不被比下去，於是也跟著晚下班，但是產出卻沒有跟著增加。**沒有產出就沒有績效，沒有績效就不會反應在薪資上，於是形成了瞎忙與窮忙的惡性循環。**

動機，是心智燃料，缺乏動機就容易疲勞

人要達成目標，需要先產生「動機」。在心理學提到「動機」就是要讓個體產生行動，並且維持行動。動機和個體需求息息相關，每個不同的階段，所要的需求都不同。就像在燃燒柴火，一開始總是需要點燃小小的火苗。

人要持續保有動機做一件事情，有一個重要因素是「自我決定」。也就是在形成目標時，個體有選擇的自由；自我決定意謂著個體在決定某個目標行為時，是否具有自主性？是否能依照自己的興趣來行動，或者能夠整合對目標的價值和渴望。而個體的動機類型可簡單區分為：無動機、外在動機和內在動機。

動機分為內在和外在動機，這是一個向度；有些人有內在動機，但可能因為受到外在因素影響，而逐漸轉為外在動機；有些人因外在動機產生行動，在當中找到內在動機。但多數時候，公司政策可能會讓員工從內在動機往無動機

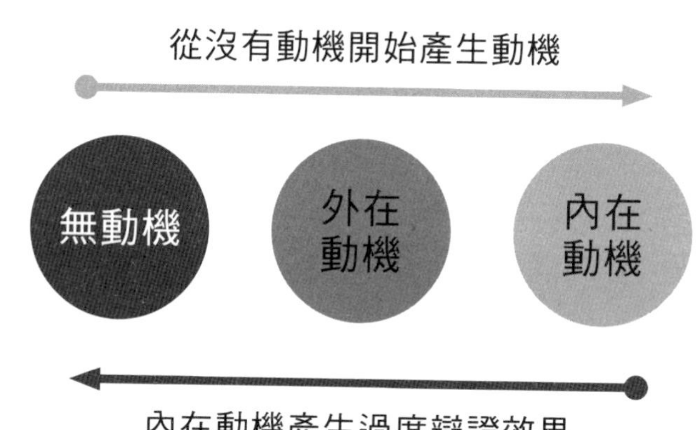

的方向推進。公司運行是以營運為目的，但員工進一間公司的初衷，賺錢不一定是首要目標，有可能是追尋理想、服務、將自己的熱誠最大化。在工作初期，員工的內在動機會驅使他達成工作上的需求。但若是公司提供的環境或資源忽略了員工的內在動機，而過度強調外在動機，例如，獎金制度、業績等，員工的內在動機會因這些外在動機慢慢被削弱，甚至因為難度太高不易達成而演變成無動機的狀況。「無動機」則是完全不想做這件事情，沒有行為的意圖。

內在動機的強度，有可能會因為外在動機的加入而遭到破壞，而變成外在動機，這樣的現象稱為「過度辯證效果（Overjustification effect）」；這是因為個體活動結合酬賞或外在因素後，而減少內在動機的傾向。職場上常見的績效制度，就是經典的「過度辯證效果」。公司過於專注在員工表現的好壞給予獎懲時，這種結果論的制度不見得適用於每個員工，也不是每個人都會被激發動力。**對於因為外在動機而特別有動力想要拿到獎賞的員工，會隨著績效制度的改變而轉變態度；因為外在動機削弱內在動機的員工，則會慢慢感到無力、無法認同工作環境、產生倦怠感。**而取得平衡的方式，是利用提供員工需要的資源加強內在動機，而這個內在動機也是對公司有益的。例如，員工培訓。當員工的專業度提升後，員工的工作效率及專業度也能為公司帶來收益。

從另外一個角度來看，通常無動機的個體，我們都會嘗試透過獎勵，先誘發外在動機，然後再讓行為的外在因素逐漸內化為內在因素，使員工找到持續下去的動力，也就是所謂的「找到興趣」，順著興趣走，有很大的機會能找到天賦。

「要不是現在還需要這份薪水，我就會馬上離職。」

「如果有更好的工作，我就會跳槽。」

「我覺得這份工作遇到了撞牆期，上班都好倦怠。」

在職場上經常會聽到這樣的心聲，差別在於有沒有真的說出來。但無論如何，有這樣的想法應該就是工作上受到委屈，或者不夠滿意。心理學的「工作滿意度」是指員工在心理上、生理上，對工作環境與工作本身的滿意感受，這是個人對於職場的情感態度或主觀反應。當一個人對於工作滿意度不高，自然工作動機會下降，緊接而來的就是職業倦怠。

遇上工作焦慮，別讓情緒讓你變得孤立無援！

當遇到挫折或卡關的時候，注意力放在成長思維的人，通常較能維持往前的動力。

有時在工作上，內心狀態會遇上瓶頸。這類瓶頸並不一定是工作上的難關，也不是表現不佳，但就會有一段時間感到莫名的情緒焦躁，稱之為「漂浮性焦慮（Free-floating anxiety）」，由於沒有具體的對象或事物，就是心情上會焦躁不安，以至於容易感到恐懼與捉摸不定，而且這種感覺會不舒服到彷彿烏雲罩頂。

面對困境，不能孤軍奮戰，但情緒會讓自己變得孤立無援。此時，要問自己有沒有能成功解決相關問題的人可以諮詢？**「內在的」世界不改變，「外在的」世界絕對不會改變。**因此要問自己：如何深入內心，尋找解決之道？面對焦慮恐懼時，可以找一個能讓內心平靜下來的空間，遠離憂慮。對心靈有益的環境，能夠帶領你找出解決方法。不論現在遇到什麼樣的問題，絕對不要屈服於恐懼和絕望，讓自己淪陷在困惑與衝突之中。

培養成長思維，降低情緒疲勞

只要個體活著，就是在呼吸，放慢平滑的呼吸，可以提高迷走神經的啟動和副交感神經的作用，幫助我們身心平衡。人在呼吸時，一吸一吐都可以鍛鍊迷走神經；吸氣時，會啟動交感神經；吐氣時，會啟動副交感神經。

枕葉（Occipital）占大腦的四分之一，當人在看到實際物品和想像該物品時，視覺皮質會活化相似的神經細胞，也就是實際視覺和想像中的物品，對大腦來說一樣真實。就像做白日夢的當下，好像自己真的身歷其境，所以才會說「有夢最美」，實現夢想的最好方法就是：「繼續睡不要醒來。」

而在覺察的過程中，包含了「感覺」和「觀察」，自我覺察就是發掘自己內在與外在的感覺和觀察自己的反應。

神經心理學家發現，大腦會使用不同腦區來處理同情（compassion）與同理（empathy）；當我們被捲入他人情緒，或受到他人情緒影響時，很容易把這樣的情緒放在心裡，而忘了這是他人的情緒以及責任。**我們不小心把這些責任攬在自己身上時，進而產生同理心疲乏（empathy fatigue），這是一種深度的身心疲憊，情緒勞動者也會產生類似情況，稱之為「情緒疲勞」**。

工作時，腦海中會有各種不同的思維。**成長型思維，是希望自己的工作能夠帶來成長，不斷地讓自己變強；固定型思維，相信成功是預先設定好的，如果天生聰明伶俐，那麼就比較容易獲得成功。**但假設原本先天條件不夠優秀，就會認為自己永遠不會成功。因為他覺得能力是「固定」的，這類型的人很難相信自己具有潛力，遭到困難挫折就不想努力，會容易選擇放棄。甚至會覺得自己難以取得成功，是因為大環境不佳，對他們而言更傾向躲避挑戰，不願意冒著失敗的危險。

當遇到挫折或卡關的時候，注意力放在成長思維的人，通常比較能維持往前的動力。如果是把注意力過度關注在成果，若過程不盡理想，就容易患得患失。並非目標導向或結果導向不好，若是比較結果導向，就必須不斷讓自己找出達成目標的方法，才能維持在有幹勁的狀態。因此，如果想要往前衝，把注意力放在怎麼做會更好？如何讓自己進步成長？當你成長了，自然就會更接近目標。

接納與承諾治療（acceptance & commitment therapy, ACT）

接納與承諾治療（ACT）是一種以正念為基礎的治療法，個案完全接納當下的體驗而心無罣礙。接納與承諾治療所指的接納是：「不只是忍受而已，而是主動積極、不帶評斷地接納此時此刻的經驗」。接納與承諾治療的目標是讓個案提升其心理彈性，治療歷程的基礎著重於「價值」，治療過程協助個案選擇他們生活賴以奮鬥的意義、計畫具體的目標，並且逐步朝目標邁進。除了「接納」以外，「承諾」行動也是重要的。「承諾」指的是以正念的態度去決定生命中重要的事物，以及願意做些什麼來過有價值且具有意義的生活。

當我們面對狀況時，要提升成長思維或加強大腦效能，可以運用3A的技巧：

◆覺察 Awareness

如果機會上門，卻沒有覺察到，錯過十分可惜。放寬視野，讓自己注意到曾經忽略的，因為只要稍有不注意，就可能產生不注意視盲。這種視盲，只會讓你事情更忙。

◆接納 Acceptance

當生活中遇到許多未曾接觸過的新事物，不要馬上抗拒排斥，而是嘗試接納，讓這些事件成為激發靈感的提示。

◆ 行動 Action

如果只是被動等待，並不會有機會產生，試著有所行動，才有機會促進改變。ACT隱含著Aim Correct Target, Take Correct Action（瞄準正確目標，採取正確行動）的意思。

當日子過得太悠哉，就是腦力衰退的開始。大腦會憑著本能，不斷地作出挑戰，人從出生開始，就一直在學習新的事物，還有適應生活環境的變化，即便腦袋有時放空、啟動預設模式網絡的運作，但放空太久則容易產生雜念。

在思考什麼能夠讓自己的大腦進化，就要看你是否有全力以赴，大腦會隨著自身的動機而有所改變，額葉是改變大腦迴路的指揮官，**思維模式會塑造出自己的個性與能力，只要有夢想和目標，就會促進大腦的活化。**

職業倦怠的中症——出現無助感

產生無助感時，人們容易增加失敗與孤立的感受，最後又回到「我不屬於這裡」的心情。

當個體停留在抗拒壓力的狀況下，在警覺期的生理變化仍會持續發揮作用。在抗拒期（Resistance phase）時，人們會嘗試去對抗壓力源所造成的影響，身體會逐漸適應壓力源，大腦會開始會去找可以應付壓力的資源，突顯網絡SN就會開始去切換。雖然這時候內心還是在大喊：為什麼是我？但現實就是你了，接受事實吧！如果你不接受，那麼就會氣虛無力，然後事情就更容易搞砸。

有些個體會因為生理上的持續激發而開始出現身心症，造成生理上的功能性障礙，或產生身體實質破壞而致的生理心理疾患。在抗拒期，個體的心理層面也開始採取防衛方式去適應壓力，藉以減少心理上的壓力感。

工作要的不外乎是求生存、求成長

許多人以為薪資福利誘人就能留住員工，但是仔細留意職場動態，不難發現，有些人寧可選擇去薪資待遇稍差的地方工作。為什麼會出現這樣的現象呢？背後的原因可能是因為有三種不同的工作需求。耶魯大學心理學家埃爾德佛（Alderfer）將每個人的工作需求分為三種類別：「生存（Existence）」、「關係（Relatedness）」和「成長（Growth）」。

工作最基本的就是滿足「生存需求」。其中，薪資福利是讓我們生活能維持下去的要素，但維持生活之後呢？職場上不太可能自己默默埋頭苦幹，每個月領到一份薪水就會滿足。多數時候在職場上還是會與人互動，有互動就會產生關係。像是同事、上司、部屬和朋友等，這是在工作場域裡可以分享想法、一起執行計畫的夥伴，就衍生出所謂的「關係需求」。

而除了關係需求以外，**把對的人擺在對的位置，不僅能夠提升公司發展，更多時候也能讓員工能力發揮到極致，這就牽涉到所謂的「成長需求」**。當個人專業與重要能力適性發展時，成長需求才會獲得滿足。人不一定會選擇絕對成功的任務，當然也不太可能選擇會失敗的工作，對於人最有動機去完成的是「似乎有機會成功的目標」。要滿足工作上的成就，以下三種需求都相當重要：

一、**生存需求（Existence needs）**：這些需求是屬於物質性的需求，並且藉由環境因素來得到滿足，例如：食物、水、工作環境等。在組織背景中，對於薪資、福利及物質的工作條件之需要皆包括其中。

二、**關係需求（Relatedness needs）**：這些需求會涉及與「重要他人」（Significant others）的關係，如同事、上司、部屬、家庭和朋友等。關係需要是要分享思想、感情慾望，包括那些涉及工作場所中與別人的人際關係，如親密、歸屬及獲得他人尊重等。

三、成長需求（Growth needs）：這些需求是涉及個人想要追尋自身的發展。當個人重要才幹與能力有所發展時，這些需求才獲得滿足。

以管理實例來說，一位新進員工剛任職時，很關心公司給薪的高低、工作保障、及工作條件的性質（生存需求）。經過一段時間之後，對於生存需求已獲得滿足，便開始試圖與同事或上屬發展友誼關係（關係需求）。再過一段時間，他在滿足人際關係發展成功之後（需求被滿足），就要進而追求至一個不一樣的、更具挑戰性、且負更多責任的工作（成長需求）。不過，當他的主管表示，此時他仍然無法升遷到另一職位，需要更多工作上的磨練才行（需求的挫折）。既然如此，他只好專心盡力將現有工作做好，以表示他有管理方面更高層次的需求（退縮至關係的需求）。

找到職場上的歸屬感，不再否定自己

在職場工作上，聰明才幹往往都是既有的能力，能夠獲得一份適合的工作，大多都具備該位置所需要的專業知識。但是新的思考模式或對於公司企業的認同感與歸屬感，是讓工作者產生期望的重點，因為當你工作感到無力時，就會開始慢慢產生倦怠。

此時只是亮起黃燈，隨之而來的是關係需求是否能被滿足，或者出現不想上班症候群後，內心就會想問「我屬於這裡嗎？」、「我適合這裡嗎？」而這樣的缺乏歸屬感就是無助的起點。當你踏進辦公室，所接觸到的互動、對話和反應，會讓你戴上另一副無助的眼鏡，留意找尋不屬於這裡的證據。而且這樣的信念也會開始發酵，造成心理上的癱軟。不想上班的人，產生的無助感通常有以下幾種狀況：

◆冒牌者症候群發作：

表現優異的工作者，卻認為自己其實沒有那麼好，總有一天會從明星光環中殞落。先前出色的表現只是運氣好，自己的實力自己最了解，接著就開始擔心有一天會被看穿，自己其實也不過如此。

◆刻板印象威脅：

工作者被交付一項專案任務時，但是先前沒有執行過，就會覺得自己沒有團隊、缺乏資源，要完成這一項專案根本不可能。這種刻板印象可能是自己給的，也可能是外在給自己的，就會讓你懷疑自己是不是真的可以？然後把注意力放在一切的不可能，放大這些懷疑，再來是覺得驚慌失措。但驚慌之後的失措是比較麻煩的，因為不知道該怎麼辦？又覺得找不到協助，成了真正的無助。

◆自我設限：

覺得自己已經沒有辦法完成了，就會開始自我設限、故步自封、固執己見，既然都會失敗了，那就擺幾個自己設定的障礙，讓自己放棄掙扎。明天要開檢討會，然後故意忘記調鬧鐘，或者開始出現輕微不舒服的症狀，這些都是在為無助的結果預留伏筆，到時就可以合理地將事情歸咎於這些障礙。

冒牌者症候群、刻板印象威脅與自我設限，都會出現無助的反應，**像是逃避工作、隱藏回饋、忽略身邊的回饋，或者人際關係不穩定，這樣的行為又會讓人們容易增加失敗與孤立的感覺，最後又回到「我不屬於這裡」的心情。**

大腦知識

當熱情燒完之後，還剩下什麼呢？是你對一件事情的堅持，可能是一個信念、一個執著。如果你能夠清楚知道工作的動機，全心投入，知道工作的使命，那麼比較不容易出現工作倦怠，這也是「工作與生活平衡」和「工作與生活融合」之間的差異。

自動化負面思考——腦海中的螞蟻

放著負面的自動思考不管，
大腦中會構築起焦慮憂鬱的路徑，最後就變得難以放鬆。

假設今天你負責的一項工作任務或專案計畫，出現溝通上的疏忽，但這個疏失是可以補救的，此時，你腦海中浮現出的第一個想法是什麼？

「我會犯這麼低級的錯誤，我就是這麼爛。」（二分法）

「我總是替公司添麻煩，什麼事情都做不好。」（過度類化）

「我怎麼那麼糟糕，整個計畫都毀了！」（選擇性摘要）

「我在公司那麼久，居然還做這麼掉漆的事，這個計畫會被我拖累。」（誇大與貶低）

「我必須完美無缺，就算犧牲休假與健康也沒關係，要努力完成任務。」（應該與必須）

「我真是廢物。」（貼錯標籤）

「要是我多注意一點、多做一點，這個錯誤就不會發生。」（個人化）

「這樣的事情同事居然沒有提醒我，他們一定是要弄我。」（隨意推論）

個體為了生存，大腦對於負向事件總會特別留意處理，因為這會讓個體免於威脅災害。因此，對於嫌惡的經驗，往往會很快學到，也難以忘懷；但是對於正面的情緒，彷彿快樂一瞬間就成過往雲煙，甚至感覺不到喜樂的存在。

你可以對照剛剛所選的想法思考內容，看看自己常出現認知扭曲（Cognitive distortions）的類型，一些常見的錯誤假定，心理上的螞蟻（ANTs），稱為「負向自動化思考（Automatic Negative Thoughts, ANTs）」；這種心理的螞蟻到處都是，總是會從身邊突然出現，有時候還會咬你一口。潛意識呼嘯而過的想法，會深深地影響你的做法。

◆ **獨斷的推論（Arbitrary Interference）：**

沒有充分完整相關的證據就做出推論，並做出負向結論。

◆ **選擇性摘要（Select Abstraction）：**

對整個事件，摘取其中一個細節作為判斷結論的關鍵，而沒有考慮整體或整個事件的主要意義。

◆ **過度類化（Overgeneralization）：**

把一事件得到的結論或判斷，類推到全部事件的情況，而沒有考慮這樣的類推是否適當。

◆ **誇大與貶低（Magnification and minimization）：**

過度強調事件的重要性，或過度貶低事件的重要性，造成推論錯誤。

◆個人化（personalization）：

把外在事件與自己發生的關聯連結在一起，即使沒有理由做如此連結。

◆極端的思考（Polarized Thinking）／二分法思考（Dichotomous thinking）：

以全有或全無的方式將經驗做極端的分類；把經驗分類為「不是…就是…（either/or）」兩種，將事情僅分為黑與白兩種。

◆標籤化和錯誤標籤（Labeling & mislabeling）：

將過去的錯誤與缺點類化為自己的錯誤或缺點，而形成錯誤的自我認同。

處在壓力下的心累，也會影響身體的大腦，而隨著不同年齡階段，會有不同的壓力。而心累不快樂本身也是一個壓力來源，大腦細胞就會被泡在負向情緒的溶液裡，神經細胞會被進一步破壞，然後大腦就會逐漸萎縮。好消息是，如果經常在用腦，大腦比較不會退化。但壞消息是：多數的人不用腦。**有在持續用腦，正向思維維持健康生活的人，前額葉皮質、海馬迴和腦島皮質都會比較健壯。**

之前有提到我們所出現的思考和印象，都在大腦中以神經連結的方式串接起來，**在腦海的網絡裡，無論是正面或負面的，越容易激發的就會越強大。因此，如果放著負面的自動思考不管，大腦中一定會構築起焦慮憂鬱的路徑，變得難以快樂和放鬆。**最後，不再是你控制著大腦，而是大腦的迴路在影響著你。這樣負向思考的模式，有時就會不斷在腦海中湧現，心理學稱之為「思考反芻（Rumination）」，會反芻的動物是什麼？牛。會把食物暫時放在一個胃中，在某個時間再到嘴裡反覆咀嚼。而個體的負向思考，就會像這樣在腦海中不斷地縈繞。

暫時中斷思考的導火線

如果遇到了壓力，或者開始覺得自己已經無法負荷，此時需要急救。沒辦法，職場如戰場，刀裡來火裡去，要堅持下去不容易；你可以檢視自己過去一週的工作，是否有出現以下的思考模式，這都可能是讓大腦開始失火的星星之火：

過去的一星期，你曾出現下列哪些想法？（自動化思考清單）

□我的人生應該過得更好。

□公司的人不了解我。

□我讓公司的人失望。

□我再也無法享受工作的樂趣。

□為什麼我這麼軟弱？

□我總是把事情弄得一團糟。

□我的人生已經沒有出路了。

□我快要失敗了。

□我沒有什麼未來可言。

□我想要放棄。

□我感覺情況要失控了。

□我一定有什麼問題。

如果有以上的想法出現，才用完AED可能還需要隨時SOS求救。如果你發現自己的負向思考開始蔓延，可以試著用SOS方法來幫助自己。

◆暫停負向思考（Stop）

暫停負向思考，讓自己回到當下，緩慢下來進行正念呼吸，因為通常在面對急性壓力時，大腦會胡思亂想，像是一個導火線讓自己不斷地引燃爆裂物，這時就得讓自己有個空白時間。

◆重新定位（Orient）

重新定位讓自己暫時離開現場，做出清單中會讓你增加能量的事情，並且專注在放鬆中。通常這需要練習，讓自己轉念重新看待這件事情，或者讓自己看到這件事情其他的可能性。

◆自我檢查（Self-check）

重新檢查是讓自己檢視有沒有其他的替代方案，以及重新學習感恩，每件事情一定有它的正向面，找出可以感恩的地方。讓我們避免大腦疲勞的關鍵，就是從極端壓力中能夠恢復功能。

反駁自己的負向思考是很有效的。接收到一項新的任務時，腦海中可能會浮現：「當初計畫就是這樣執行的，為什麼要我收爛攤子。」結果心中不悅又憤怒，整天都在向同事抱怨。但一個會檢視自我信念的人，會告訴自己：「當初計畫的確有問題，幸好問題發現得早，現在修正可以免除後面潛在的大麻煩。」接著，再自我激勵：「還在可以處理的範圍內，也能訓練自己解決問題的能力。」

自我練習

想法轉換

在臨床上，要找到問題並不難，難的是找到解決方法。一個在糞坑中抱怨有多臭的人，是永遠離不開糞坑的；但是，反駁自己的想法並不是盲目地樂觀，而是找出其他的可能性。大腦的運作本身也是如此，當習慣成自然，就會變成一種固著行為，但解決問題有時需要打破慣性。因此，要練習反駁自己的負向念頭，並非死命地催眠自己明天會更好，試著練習區分是事實還是觀點？別讓自己的大腦糾結在一起。

練習步驟

STEP 1

拿出一張A4紙和筆，寫下一項你正在做的工作或者目標。無論是提升健康、改善財務、培養關係或旅遊進修等。

STEP 2

接著，寫出達成目標的信念和腦海中閃過的念頭。此時你要誠實面對自己，不用抗拒、不必想太久，腦海中浮現什麼就寫什麼，寫得越快越好。

STEP 3

讓自己理性分析，這些想法是事實還是感覺？

STEP 4

解決問題的第一步是要知道問題，第二步是面對問題，最後是解決問題。有時讓我們倦怠的是情緒感覺，請勇敢地分析整個情勢，你所擔心的事情發生了會怎麼樣？想辦法接受它，別將所有力氣放在「感覺做不到」上，而是投入更多你可以做的事情。

職業倦怠的重症——出現無望感、焦慮與憂鬱

辨認自己焦慮的來源，說出自己真實的想法，維持正常社交，累積正向情緒才能遠離負向情緒。

若抗拒期的適應不佳，而持續性的壓力又不斷影響個體，那麼身體就會出現生理激發的狀態。許多警覺期的生理症狀會重新出現，若壓力來源依然持續產生影響的話，就容易出現身體衰弱，甚至死亡。在生理上開始造成免疫系統的問題或是身體臟器發炎損傷。在心理上，精神壓力無法因應，而且身體資源逐漸耗盡，個體開始出現精神崩潰狀態，進入所謂的耗竭期（Exhaustion phase），就會有嚴重精神疾

病的發生。

慢性壓力會讓免疫系統受損，無力保護身體。長期受壓的人體，對任何疾病的抵抗力都會更差。

生活是由過去、現在與未來組成，過去已經過去，你的未來還沒有到，只有現在你才能把握，所以才會說「活在當下」。但在工作上有許多時候，產生焦慮是因為難以忘記「過去」，然後又經常擔心「未來」，導致「現在」的生活當機。當我們感到焦慮時，大腦會啟動調節機制，增強控制情緒和衝動的「前額皮質區」及偵測恐懼和焦慮來源的「杏仁核」之間的連結。**有效的調節機制能控制及緩和焦慮；相反的，則會讓大腦處於高度戒備狀態且產生無法控制的焦慮與緊繃感。**

曾經有一位職場工作者，原本相當活潑開朗，但是到了新部門之後，開始變得沉默寡言，一樣認真工作卻說不上來哪裡不對勁。於是關心他最近好嗎？結果他眼泛淚光，問主管為何會這樣詢問？他才娓娓道出近來發生的事。先暫且不論他發生什麼，但是當一個人透露情緒低落的訊息時，請不要認為他只是低潮或心情不好，很有可能是在透露求救的訊息。

生活中有許多的不容易，許多感受被壓抑，內心無法說出的憂慮，而多數時候又選擇逃避，把許多的傷心難過都藏住，表面上是帶著微笑，嘴裡說著「我沒事」繼續過日子。真實的心情卻已是千瘡百孔，而這正是大腦疲勞慢性化後，所產生的「憂鬱症狀」。**在職場上有一種「微笑憂鬱」很難被察覺，但個體內心已經歷了無數煎熬。這類型憂鬱患者仍維持正常社交互動，也有高度生活自理能力。**憂鬱不一定只是想不開，許多憂鬱症在發病前，可能經歷了重大的生活事件，通常和失業、關係的失去，以及和離婚有高相關聯性。而受到屈辱或期待失落，也容易誘發憂鬱的發作。

典型的憂鬱症狀，像是心情低落，對原本有興趣的事情開始無法感到興趣，也覺得漠不關心，有時難以集中注意力。甚至出現強烈的罪惡感和自責，使得他們出現自殺的意念，感覺到疲勞、食慾不佳或失眠等。

也許你會認為很多人都經歷相似的事情，為什麼有些人會憂鬱？有些人不會？

出現憂鬱症的患者，可能因為人際問題產生憂鬱症狀，但是憂鬱也很容易導致人際出問題。當你與憂鬱的同事合作時，與他們互動其實會感到不舒服，因為他們會下意識地和人們疏離，使得他們更加失落。而且他們往往會尋求再保證，也就是想確認身邊的人是否真的關心他們。希望受到他人關心，卻又懷疑為什麼他人願意關心自己？即使別人伸出援手，**憂鬱患者只會暫時感到滿足，他們對自己感到低自尊，甚至卑微，明明想要別人關心卻又會拒人於千里之外**，讓身邊的人感到困擾，最後也將身邊的人推得更遠。

不要與焦慮對抗，學習自我監控

不想上班的人多少都有焦慮，這種焦慮從無力、無助發展成無望，多數時候是因為自己被壓力打倒，而我們該如何學習面對壓力呢？不如從觀察自己的行為、想法、情緒、身體感知開始。

STEP 1 觀察自己焦慮的時候是在什麼環境之下，當時出現的人、事、物有哪些讓你感到焦慮？當焦慮感出現之前，是否有察覺到自己有什麼特定的行為或想法？

STEP 2 當焦慮情緒出現時，你正在想些什麼？大腦裡出現的第一句話是什麼？有在擔心什麼嗎？還是預測任何不好的事情會出現？是否有發現自動化的負面想法？例如，我總是什麼事都做不好。

STEP 3 觀察自己除了焦慮之外，是否還有其他情緒；例如，憤怒、難過或其他情緒。幫自己的情緒打分數，0～100分，分數越高代表這個情緒影響你越多。

STEP 4 出現焦慮後，觀察當下的反應是什麼。做了哪些行為去降低自己的焦慮，有發現自己在逃避什麼嗎？如何讓當下的你與焦慮共處呢？

STEP 5 審視自己的自動化負面想法，挑戰自己的負面想法，舉出事實去佐證或反對它。

STEP 6 產生新的想法和重新評估STEP 3的情緒。

STEP 7 建立良好和健康的因應模式。例如，運動、辨認自己焦慮的來源，說出自己的情緒和想法，維持社交，累積正向情緒。均衡飲食和睡眠，必要時尋求專業協助。

◆STEP 5的想法練習。

支持負面消極證據	反對負面消極證據
我沒什麼朋友。	我雖然沒有很多朋友，卻有幾個知心的朋友。
我獨居，容易感到孤單。	但是我自己選擇的，我有時也享受一個人的生活。
工作沒有我想像中的順利。	但也有順利的時候。
朋友都沒有約我出去。	上個月朋友才約我去爬山。

壓力不會消失，找出共存的最佳模式

將壓力轉化為動力，不再懼怕壓力，而是相信自己有能力可以應付。

之前曾經提到調整思維，特別是成長型的心態，如果壓力不會消失，那麼壓力有沒有好處？如果將大腦培養出「壓力其實是好的」的想法，那會是怎麼樣的狀況呢？回想曾經遇過的壓力經驗，回頭看看當時的你是如何面對？現在的你又是什麼樣的心態？有沒有發現你其實完成了許多當時覺得「怎麼可能」的任務？面對壓力，可以這樣做：

◆**接受壓力的存在，不要否認與逃避**。只要承認自己真的有壓力，以及把壓力如何影響你的身體狀況，在自己內心說出來。例如：「要一起合作的團隊夥伴，明明就是豬隊友，為什麼要擺在一起，讓我爆青筋、腦充血」像這種很真實的想法，但你有可能深埋在心裡的感受，接受它存在的事實。

◆**你的信念和想法會影響結果**。壓力不過是你對關心的人事物所產生的反應（感覺），你背後真正擔心的是什麼，讓你如此的緊繃不安（事實）？然後在大腦裡繪出一幅藍圖，你希望事情變成什麼樣子？以及這個壓力有沒有讓你可以學習的功課？

◆**善用壓力帶給你的精力，而不是試圖去掌控**。而是因為壓力會讓你處於備戰狀態，但這種狀態你怎麼解釋它就會變成什麼樣的能量，這股能量如果把它用在上一章轉換練習的行動方案，就好比子彈上了膛，隨時可以出發。

總之，就是把壓力轉化為動力，告訴自己因為在意，所以有壓力。雖然不在意也會有壓力，但是這兩種看待壓力的面向截然不同，一個是正向的壓力，另一個是負向的壓力。這會讓你不再懼怕壓力，而是相信自己有能力可以應付。

運用MAP技巧，重新定位自己的想法

要反駁自己負向的想法，練習正向思維，可以透過MAP三個步驟來練習：在職場上常會遇到「主管很機車」的抱怨，此時就能以MAP方式重新定位這樣的主觀抱怨。

◆ 意義（Meaning）

「主管很機車」的定義是什麼？是要求太嚴格？如果是要求太嚴格，那麼他只有對我還是對團隊的成員都一視同仁？當你陷入情緒中，就容易以一個模糊的概念進行推論。我這樣想合理嗎？即便想法是對的，也避免擴大成災難，而是嘗試找出當中的意義。如果因為主管要求嚴格憤而離職，那麼未來在工作上遇到類似的主

管，也要用一走了之的方式來解決嗎？

◆好處（Advantage）

一直糾結在「主管很機車」的這個想法，有什麼好處嗎？想出解決的方法，或是主管很機車可能帶來的好處，或許比較實際。因為主管要求嚴格，所以讓團隊進行任務時降低許多風險。當然，也有些人不安於室，期待經過一事後，讓自己長一智；這樣的狀況當然是另當別論。

◆其他可能（Possibility）

事情的原因通常有好幾個，或者同樣的事件可能有不同的解決方法，找出其他可能的解釋或是讓自己思考可能的替代方案，讓自己不會無所適從，也不會因為外在因素而隨之起伏。

多數出現大腦疲勞，通常是想調整負面心情，但很少有人會想要調整愉悅、幸福或滿足等正向情緒。把「應該」轉變成「可能」，「我應該」和「我必須」是常見的僵化模式，不管大腦的判斷是否正確，「我應該」、「必須」這樣的詞彙，往往會暗示自己這是當負的義務與責任，然後大腦就會去執行。

但如果將每個「應該」都調整為「可以」，就能擁有更多可能性與選擇，進而帶動應變靈活度。因此，把應該調整為「我可以是」，就能觀察自己的思維模式。除此之外，找到潛在可能影響自己行動的負向想法，也可以透過觀察每天活動的排程，以行為來改變現狀。

自我練習

心累時的活動

- 轉換念頭：當自己想起不愉快的記憶，開始沉浸在負面的情緒時，讓自己專注在眼前的工作，而且盡快找一項要做的任務投入，藉由專注當下的事情，暫時中斷負面的情緒。
- 留意呼吸：保持放鬆的姿勢，讓自己輕鬆自在的呼吸，透過腹式呼吸讓自己舒緩。
- 起來走動一下，讓自己暫時抽離當下負面的情緒。

不再勞心費神，透過行動力增加活力！

觀察行為活化表的變化，增加可讓自己愉悅的活動，有效替自己的身心充個電。

當感覺到疲勞的時候，會不想要動，像是拖著一個沉重的殼，難以完成工作。而當這樣的狀況發生時，就會讓心情不好，壓力更大。有時會想要逃避，讓自己遠離這種惡化的狀況。但此時什麼都不做，會讓已經出現嚴重疲勞的自己，用行動證明自己更加的無能為力。在習得無助之前，總是會想先掙扎一段時間，掙扎無效後才會放棄努力。而在掙扎的過程中，容易出現無效的因應措施，讓自己落入更加惡劣的方向。

如果覺得力不從心，嚴重的職業倦怠，甚至心情不好到什麼都不想做，**除了尋求尋專業的協助以外，也可以增加自己可以控制及感到愉悅的活動。**正向的行為改變，往往是讓自己緩解心累，或者更加適應的態度有關。當你感覺到心累，初期可以透過一種在心理治療稱為「行為活化（Behavioral activation）」的技術來增加生產性的活動。這種方法得把自己日常生活當中的活動，進行量化的評估，哪些活動耗費心理能量？哪些活動能夠增加心理能量？

記錄每週的行為活化表

行為活化看起來很像工作記錄表，但千萬不要將它當成工作日誌，而是一種活動對自身心力與腦力的充電指數評估。當你患有高血壓、高血糖與高血脂的問題，想要控制就得定期記錄自己三高的變化。當然不需一次就找太困難或難以完成的活

	星期一	星期二	星期三	星期四	星期五	星期六	星期日
8:00							
9:00							
10:00							
11:00							
12:00							
13:00							
14:00							
15:00							
16:00							
17:00							
18:00							
19:00							
20:00							
21:00							
總分							

動來填滿，而是逐步的增加。先有小改變，才能創造大改變。

寫下每小時的活動，用0～10分對這活動的掌握度（Mastery）以及感到快樂（Pleasure）的評分程度。0分代表完全不在掌握中或無法獲得快樂，10分代表完全在掌握中或是獲得高度愉悅。這樣的目的是為了了解生活中的活動，對自己實際的影響。而從這樣每天活動的分數加總，也可以得知一週當中，哪一天是自己比較勞心費神的工作天。

例如，教育訓練課程 M－8，P－9（代表參與教育訓練課程的掌握度8分，感到快樂程度9分）。社交應酬 M－5，P－1（代表社交應酬的掌握度5分，感到快樂程度1分）。那就代表參與教育訓練課程對這個人來說是補充能量的活動，而社交應酬可能是耗能的活動。一般來說，開始出現大腦疲勞或者心力交瘁的工作者，在活動中感到快樂的程度大概都不會很高分，一方面是感到快樂的活動安排得越來越少；另一個則是過去感到愉悅的活動，會執行得越來越少，使快樂感偏低。

如果發現自己在日常生活中，對工作的掌握度開始失控，或者沒有辦法從中獲得快樂，**給自己一週的時間，好好了解自己每天的活動，可以幫助自己重新分配活動，讓能量重新取得平衡**。而在這個過程中，也可以和身邊的人一起腦力激盪，列出一些值得嘗試的新想法。

檢視過這一週的活動後，就可以開始重新規劃活動。看看自己是不是在特定星期幾或者固定哪個時段會感到比較快樂？什麼樣的活動帶來的愉悅程度較高？這些型態的活動可能安排到其他比較耗能的日子嗎？有沒有哪些活動是可以增加能量，但卻被自己忽略的呢？

行動，是絕望的解藥。當還不知道如何轉念的時候，因為當我們感覺到疲累的時候，常常會什麼都不想做，或者做事情會想逃避或閃躲，但這樣的作法卻會讓自己陷入無限循環裡。像是越不想面對，就會讓事情累積越來越多，事情累積越多就更容易感到沉重，這種狀態容易產生壓力而使自己更加疲憊。

此時可以做的方法，就是找一件小事，開始執行。當你把注意力投入某項任務時，就比較不會胡思亂想。

自我練習

活動排程

❶ 完成一週的生活排程表，並對每個活動的掌握度與快樂程度評分。

❷ 檢視評估這些活動排程，問自己上述這些活動，哪些帶給自己的愉悅程度較高？

❸ 在平常的生活中，重新安排自己充電的時間。

❹ 回顧這個表格，哪些活動可以增加自己的心理能量，然後在下週增加這些活動的頻率。不需要一次改變所有面向，而是從有把握的微小行動開始進行，循序漸進。

❺ 多數人無法一次達成目標，做到所有增加能量的活動，此時不要擔心，讓自己下週再繼續進行。一開始要培養增加心理能量的活動會感覺到不適應，腦海中一定會浮現「好麻煩喔！不想要做。」、「下

次再試。」這會讓自己落入逃避現實的狀況，正在閱讀本書的你，不妨讓自己實驗一個禮拜，試著寫下你的能量平衡清單。

	能量平衡清單
哪些活動會消耗心理能量？	1. 2. 3.
哪些活動能補充心理能量？	1. 2. 3.
執行能量平衡活動，增加能量滋養活動，降低耗能活動。	1. 2. 3.

Chapter 4

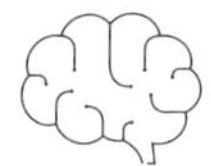

練習正念

（Network）

活絡大腦網絡，迎接嶄新生活

提升正向網絡，包括大腦的神經網絡，和支持性的社會網絡，讓自己迎向職場新生活，邁向生活新的平衡。

理解大腦網絡結構，平衡訓練——終結大腦疲勞！

大腦神經網絡有個鐵三角，負責處理內在、外在，以及內外在切換的平衡控制，以維持情緒穩定。

在大腦中的神經網絡中，相互連結的網絡被稱為結構性網絡（Structural network），如同身體各部位的器官組成，透過神經聯繫，區域間不僅互相連結，也與整體網絡連結。而這些結構也會聚集成為功能性網絡（Functional network），這些網絡在某種意義上是為了完成特定任務。透過大腦訓練，這種暫時因為訓練而改變的功能性網絡，會不會改變結構？也就是某個區域機能逐漸發展，人口越來越多、生活越來越便利，這個區域會帶來什麼樣的變化？一定會有更多的公共設施，彼此之間的交流也更加密集。

如果一個區域雞不生蛋，有可能會越來越荒蕪，然後就覺得這塊區域有點浪費，但我們又怎麼會知道，這些地方有一天會發揮極大的功能？看似無用的地方，有時也會發揮它的功能。大腦和莊子的思想頗像：「無用之用，是為大用。」

大腦核心鐵三角，運作順暢才能有效放鬆

該如何評估大腦網絡中運作效能是否順暢？可以透過「功能性動態連結（Functional connectivity）」來評估，有點像是班機飛行狀態圖，看大腦網絡中的連結運作得好不好？以及大腦健康的資訊。

大腦中的神經網絡有個鐵三角，負責處理內在、外在以及內外在切換的平衡

控制。這個鐵三角稱為「大腦核心三網絡（Triple Network Model）」：「預設模式網絡（Default Mode Network, DMN）」、「執行功能網絡（Central Executive Network, CEN）」與「突顯網絡（Salience Network, SN）」。

個體在處理外在各種訊息時，三大網絡會彼此協調運作，神經網絡的反應活動會因涉及不同認知面向而成比例性的增加或減少，經常是抵抗或互補。個體在處理外在刺激或與情緒相關訊息時，執行功能網絡和突顯網絡的功能會較明顯活化；而個體在進行內在覺察或自我參照時，預設模式網絡則相對比較活化。**這三個核心神經認知網絡的失衡，可能是許多精神疾患或神經疾患的早期指標。**

過去認知神經心理學家認為，人們在休息狀態時，大腦的神經網絡是靜止的。但隨著大腦影像科技的進步，發現在靜止休息狀態時，大腦的「預設模式網絡（Default Mode Network, DMN）」仍持續活躍。DMN類似大腦進行有意識活動之前的預備狀態，而當思考涉及目標導向行為時，DMN會降低活化。

研究也發現神經退化疾病或心智疾患，可能與DMN的功能異常有關。若

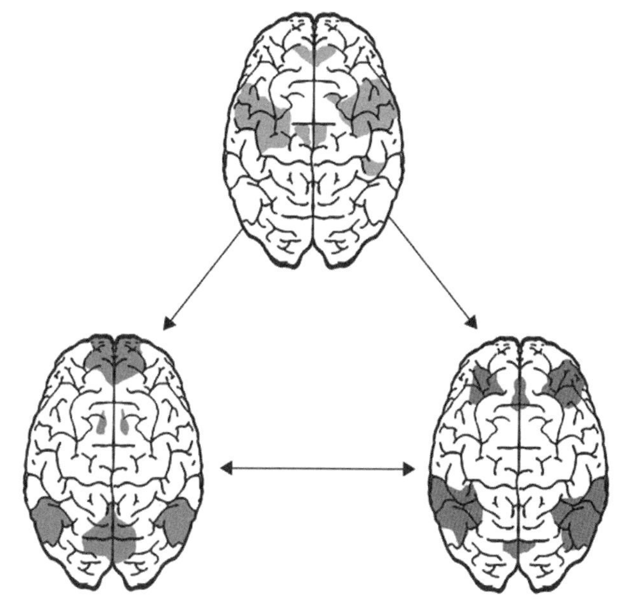
突顯網絡
（Salience Network, SN）
預設模式網絡
（Default Mode Network, DMN）
執行功能網絡
（Central Executive Network, CEN）

大腦核心三網絡

個體的DMN過度活化，腦內的發炎物質相對變得容易堆積，罹患阿茲海默症（Alzheimer's disease）的風險提高。當你處於清醒安靜的狀態時，大腦的DMN就會活化，這與個人的自我內在歷程有關。當DMN活性較低，較難從外在刺激轉移至自我的內在放鬆。因此，異常的DMN與許多神經心理疾患有關，像是阿茲海默症、失眠等。

突顯網絡（Salience Network, SN）是大腦區域的樞紐之一，負責將接收到的訊息進行評估，並找到對應負責處理的大腦區域。突顯網絡對於整合感官刺激並啟動認知控制扮演重要的角色，執行和維持任務要求，並整合協調適切的行為反應。突顯網絡對外在刺激和內部執行功能進行分類，切換到相關的處理系統，亦即突顯網絡會啟動中央執行網絡的活性，並抑制在靜止狀態下預設模式網絡的活性，這也顯示了大腦神經網絡中內源性的神經調控機制。整體而言，突顯網絡在引導個體注意力和進行目標行為，是很重要的。

執行功能網絡（Central Executive Network, CEN）又稱為「執行控制網絡（Executive Control Network）」。該網絡包括了多個內側前額葉皮層和下額葉、下頂葉區域，其核心區域為背外側前額葉皮層（Dorsolateral Prefrontal Cortex, DLPFC）。這些腦區多和抑制、情緒等相關。執行功能網絡參與了多數高級認知任務，在適應性認知控制中扮演了重要角色。執行功能網絡負責目標導向的行為，並與注意力及工作記憶等高階認知運作相關。

隨著感受與思考不停在變化，大腦也跟著活化

這三個網絡是大腦很重要的交流網絡，就像地球上七大洲會有幾條主要的航道運輸，大腦皮質的四個腦葉，多數會由DMN、SN和CEN三個網絡聯繫，當然大腦裡的航線不只這三個，但多數大腦疲勞或出現身心狀況者，評估這三個網絡的功能，大多可以略知一二。這三個網絡就好比大腦的「脈象」，要知道各自運作以及協力的功能，就能反映人類大腦狀態。有一些神經系統或精神心理疾患，患者的大腦結構會出現異常，但當結構出現異常時，表示症狀都已存在一段時間了。而有

些疾患，大腦並未出現結構性的損傷，但是腦波會先反映出功能性的狀態。

大腦會因為每個人的感受、思考和覺察不同，而不斷改變活化狀態。但無論如何，一個人在處理事情時，不外乎是「看外在」與「觀內在」。看外在，就是分析當前的問題是什麼？要起身行動或忍耐控制，這些都需要計畫決策的能力，這是由執行功能網絡CEN在負責。有時我們會自我覺察，觀看自己內心的狀態，當我們進行內省或休息的時候，預設網絡模式DMN就會啟動。而突顯網絡SN則扮演了如同汽車打檔器的功能，能夠切換個體覺察外在與內在的狀態，**SN就像是個控制閥，讓你決定現在要把注意力放在外在世界，還是內心世界。**如果這個切換的功能出現異常，就會讓你感到很無望，就像怎麼樣做都不對的開關壞掉的感覺。接下來，就來了解這三大核心網絡的角色功能。

讓大腦處於預設網絡放空，更能激發許多點子！

預設模式網絡的運作，能將經歷過的訊息加以處理，並讓這些記憶資訊產生全新連結，讓你靈光乍現！

大腦疲勞是一種精神疲勞，很難因為身體休息而消失。華盛頓大學馬庫斯・賴希勒（Marcus Raichle）發現大腦裡有個區域非常消耗能量的網絡，稱為「預設模式網絡（Default Mode Network，DMN）」，當人們發呆或做白日夢時，這個區域的活動量會變得活躍。預設模式網絡在沒有意識活動下也在運作的大腦網絡區域，也就是人們在休息狀態時會浮現許多的想法，有些人稱為「雜念」。但就算全心投入在工作中，專注在某項任務，預設模式網絡也同樣會運作。

過去大腦科學認為在休息的時候，大腦應該也是呈現休息狀態；但是大腦預設模式網絡的出現，則是**發現大腦連休息的時候，都還是處於耗能活動的狀態，而DMN耗去大腦能量的六十~八十%；當我們專心致志執行某個任務時，耗去的能量也約略多了五%左右。**

「天才總是孤單的」這句話，**如果從大腦科學角度來看，因為一個人安靜，才能使DMN自由進行活動，在大腦的記憶資料庫中做出各種組合。**大腦裡貯存著許多知識、記憶、經驗、方法等，而且這些訊息會不斷地被編輯重整，組合出全新的意義。

人的一天可分為三個階段，工作時間八小時，休息時間八小時，睡眠時間八小時。在這三個階段中，人腦的網路運作模式大不相同。工作模式中需要大量集中注意力，此時大腦的運作模式主要以執行功能網路為主。工作後休息階段，人不需要大量集中在外在任務的處理環境中，反而注意力會導向內部的認知資源。例如，下班後坐公車回家，有點疲累的坐在公車上，但大腦並非就此休息不動，而是開始回顧今天所發生的事情，予以檢討回顧、評價今天工作或人際關係的好壞。或是開始計劃未來的事情或行程，思考晚上該吃什麼，明後天要準備什麼。

這些都是生活中自動發生的過程，我們很少在休息時腦袋完全放空，什麼事都不想。預設網絡是一種跟內部資源連結運作的模式，而執行功能網路比較像是外在任務的執行運作，兩者的運作腦區明顯不同，像蹺蹺板一樣，一邊高另一邊就低。為何學者會取名為「預設網絡」，重點就是所謂「預設」就是「本來就這樣」或「預先設定」的意思。當你沒有進行外在任務的執行時，內部運作模式就自然開始運作。就像手機開機後，若沒有特別執行什麼程式運作，一樣會有個待機背景或「預設」的程式運作。

睡眠一樣有睡眠的網路運作模式，但更特別的是，睡眠時大腦的腦波頻率呈現由快到慢的循環階段。睡眠的主導波就是以 Delta 頻率為主的睡眠慢波，這個睡眠慢波決定了睡眠品質的好壞。有趣的是，工作階段中的腦波呈現較快的 Beta 波，而休息階段的預設網絡則呈現較多的 Alpha 波。**似乎更快的腦波代表高度認知運作的**

狀態，較慢的腦波代表休息或放鬆狀態，而最慢的腦波則是主導睡眠（意識警覺大降低）的狀態。

大腦疲勞時，動一下就能加速反應與集中力

預設網絡模式，提供了對人們內在的過去或未來的思考評價與規劃，像是一個承上啟下的中間運作模式，因為它代表了「本來的」運作模式。白天辛苦工作後，大腦轉至預設網絡做檢討、規劃然後放鬆、休息，在入眠前腦波再慢慢減慢進入到睡眠階段。

「疲勞」和「疲勞感」這二個詞在神經心理的意義不太一樣；就像「憂鬱症」和「憂鬱情緒」不同。當我們遇到壓力時，會激發交感神經活性，在大腦中的扣帶迴皮質就會產生疲勞感。此時，負責處理情緒的邊緣系統，會傳遞訊號給眼眶額葉皮質，而額葉皮質會接收信號，讓我們的身體可以採取恰當的行動。當你處於興奮

狀態時，容易感受不到疲勞，因為我們的專注力或能量都投注在當前要處理的事務。當下執行任務時也許有點疲累，但大腦可能判斷現在不是休息時間，或者現在要處理更重要的事情，所以眼眶額葉皮質會把休息時間延後，大腦會判斷並做出總指揮，讓你再咬牙撐一下。許多人沒有感覺到這樣的危機，或者感覺到累的時候，若沒有採取補救的行動，逞強到最後就是累倒了。

當我們無所作為、無所思、無所想的時候，進入睡眠或放空狀態，更容易冒出很棒的想法與答案，這是因為大腦裡有預設模式網絡（Default Mode Network，DMN）在運作，大腦處於待機狀態，除了學習，還能將經歷過的訊息加以處理，並讓這些記憶資訊之間產生新連結，所以靈光乍現或者突發奇想，都是在預設模式網絡下運作。

美國心理學家發現，**肢體上的活動，就算不是激烈運動，也能夠刺激大腦多想出五十%的好點子。**在這項研究中，如果專注在某項問題或任務上，百思不得其解，那麼起來動一動，讓肢體伸展一下，也能提升大腦活動力。這項實驗的受試者在稍作活動後，反應速度、專注力以及執行不同任務之間的轉換能力，都有明顯的提升。

DMN失調是許多身心問題的起頭

壓力會阻礙記憶的更新，導致學習者從靈活的學習方式轉為僵化的習慣行為。

有沒有什麼辦法可以舒緩大腦壓力？找時間休息就是方法之一。DMN活化可以對大腦進行調節，有梳理資訊和穩定情緒的作用，DMN就像大腦的吸塵器，可以把壓力造成的疲勞清除。而適時的放空發呆，或者進行腹式呼吸、正念冥想，都能舒緩大腦的疲勞。當DMN在過度活化的狀態時，心思意念會不斷在腦海中徘徊，對潛意識之下所浮現的想法念頭牽著走，這時候壓力狀態會逐漸累積。而透過大腦訓練或是正念的方法，會專注凝視在自我上，而不被湧現的念頭或情感產生羈絆，進而減輕壓力。

別讓心思繞著過去與未來打轉

如果DMN是我們靜止狀態時活化的大腦網絡，當我們從專注外在的當下，讓自己安靜放鬆下來，就可能進入到DMN狀態。因此大腦休息狀態時會活躍的網絡，又被神經心理學家稱為「靜止狀態的功能性連結（Resting state functional connectivity）」；DMN和自我覺察、創意、記憶、同理等能力相關，而又是大腦休息狀態的網絡，因此就有研究者想要知道DMN的活性是否也和個體的健康一樣，也會有發展遲緩的問題嗎？或者會隨著年齡老化？結果發現DMN和一些認知功能退化或精神心理疾患有關。

長期過度使用DMN會使心思一直繞著過去和未來打轉，然後導致大腦疲勞。

隨著疲勞感不斷的累積，比較年輕和老年個體的DMN發現，健康的大腦在結束需要專注的任務時，可以立即切換到DMN的模式，但是老化的大腦在任務結束後，需要一段時間才能回到DMN的狀態。隨著年齡增長，DMN恢復的機制會變得越來越遲鈍，而阿茲海默氏症的患者回復率又會更惡化[13]（這種感覺就很像隨著年齡增加，皮膚就會開始失去彈性）。

DMN不活躍或DMN發育較晚的兒童，容易出現兒童發展身心問題。憂鬱症患者的DMN也比一般健康人活躍，而DMN過度活化和一個人的執念有關，這或許可以解釋為什麼憂鬱症患者容易出現自動負向思考。同樣的，在失智症、創傷後壓力症候群或強迫症患者的DMN也比較活躍但不穩定；一些腦損傷或中風的患者，DMN神經網絡連結會出現下降的情況，因此，現在有些研究也開始關注到DMN與身心健康的關係，未來透過DMN來評估大腦健康與腦齡，也成了另一個熱門的健康議題。

突顯網絡過度活耀，會對大腦產生負面影響

在過去幾年的諮商經驗及統計中發現，大家最煩惱的問題始終都是「人際關係」，包括職場、家庭、戀人及朋友等，我們總是因為各式各樣的關係而受傷、痛苦、感到壓力。尤其每天與同事相處的時間可能超過家人，如果做不到保持優雅的人際關係，就可能在職場中經歷地獄般的煎熬。另外，像是學生面對考試，也會引發學生和教師之間的高度壓力，**而壓力可能會阻礙記憶的更新，它會導致學習者從靈活的認知學習方式，轉向相當僵化的習慣行為。**

我們每天都有一堆待辦事情需要完成，整日在工作、家庭、人際關係中不斷的穿梭，在現代生活裡，幾乎每一個人都會有無形和有形的壓力，自己的大腦偶爾的

13 Lustig, C., Snyder, A. Z., Bhakta, M., O'Brien, K. C., McAvoy, M., Raichle, M. E., Morris, J. C., & Buckner, R. L. (2003). Functional deactivations: change with age and dementia of the Alzheimer type. *Proceedings of the National Academy of Sciences of the United States of America, 100*(24), 14504–14509. https://doi.org/10.1073/pnas.2235925100

喘息、放空，都是一種奢侈。有時可以準確的說出壓力來源，是因為我們感受得到。但有時好像已經漸漸習慣了與壓力共存，就像有些人下班後還是會處於焦慮的狀態，無法放鬆，導致晚上入睡前還是處於高度警覺，無法擁有良好的睡眠品質。那這樣，對於我們的大腦有什麼樣的影響呢？

人腦是由多個不同的、相互作用的網絡組成。對這些網絡的研究可以對於人類大腦組織和功能有一個基本的框架及理解。重新回顧三個重要的大腦網絡，平日都是它們在協助我們完成日常任務及各種情況的喔！預設網絡（Default Mode Network, DMN）、突顯網絡（Salience Network, SN）、和執行網絡（Central Executive Network, CEN）。

我們知道大腦的暗能量是在DMN，我們在放空和擔心未來事情的時候都會在DMN運作。SN就像是DMN和CEN中間的轉換區。幫助我們在DMN和CEN中間取得適當的平衡。CEN是我們在專注在做一個任務的時候常常會用到的網絡。但我們不太可能會一直的專注在任務當下，總是有需要休息的時候。這個時候SN的功能就很重要了。如果SN不夠有彈性的話（Flexible），就很容易讓大腦處於在高壓的狀態下。如果大腦遇到壓力事件，SN就會比較活躍；當然也就會帶來焦慮和不安。

SN作為大腦兩個主要控制網絡之間的調節器，不斷監控外部世界，並仔細決定其他大腦網絡對新的訊息和刺激的反應。因此我們也可以稱SN是大腦主持人。

在健康的大腦中，DMN和CEN這兩個網絡不會同時活躍。為了避免漏失訊息或混合消息，SN會決定在某特定時刻確定哪個網絡處於控制之中。試想一下，代表你的內部和外部思想的兩個主要大腦網絡之間的辯論。兩位主講人將站在舞台上準備分享他們的觀點。然後辯論主持人決定哪位發言者發言，並確保觀眾能聽到兩方的聲音。

SN在處理與邊緣系統相關的疼痛、情緒、獎勵和動機方面也發揮著關鍵作用。在這些情況下，主持人決定人體「聽到」多少涉及情緒反應的信號。與任何成功的主持人一樣，SN會在不知不覺且快速地處理發言人和對話主題之間進行調節和轉換，以應對當下不斷變化的需求。

由於ＳＮ作為大腦的調節器起著至關重要的作用，當它呈現異常行為時，可能會導致嚴重的精神疾病。當ＳＮ因受傷、癡呆或其他退化性疾病而受到損害時，也會導致主要控制網絡的功能障礙。儘管對大腦任何部分的損害都是有問題的，但有必要保持ＳＮ的結構完整性才能保留重要的認知功能。若是ＳＮ產生任何的物理損傷將會影響行動，例如：疼痛，和無法有邏輯地和理性地思考和進行討論。

如果ＳＮ變得過度活化或不活躍，它可能會錯誤地處理網絡切換和情緒調節，從而對大腦產生負面影響。這種異常活動可能是憂鬱、焦慮、創傷後壓力症候群和精神分裂症的特徵。利用這種觀察來評估ＳＮ對神經和神經精神疾病的影響可以為可能的治療打開大門。通過研究發現，ＳＮ有時會不規律地緩和大腦對疼痛的反應，科學家們就可以開發出糾正它的方法。例如，如果我們了解為什麼慢性疼痛患者的疼痛會升高，就可以刺激或改變大腦的特定區域，以幫助調節疼痛程度。精神疾病也是如此，如果我們能夠確定導致抑鬱症或其他疾病的大腦區域，就可以研究減輕或消除它們對人類思維影響的療法。

高度集中後，短暫的休息能讓工作效率UP

專注力是一種稀缺的資源，越想同時多工處理，就容易犯更多錯誤，或造成完成單一任務的時間，越變越長。

一旦長期過度使用「預設模式網絡DMN」，亦即讓心思一直繞著過去及未來打轉、持續為雜念所束縛，就會導致腦部疲勞。如果過度使用DMN而導致疲勞不斷累積，大腦會變成怎樣呢？DMN在沒進行任務的日常也會維持基礎運作，只是在具體進行某些作業時，後扣帶皮質的運作會增強，一旦作業結束，其運作程度又會恢復到基礎層次。

容易分心、無法維持專注力的可能原因：一是大腦額葉的功能發育不全，或者能量不足，使得負責注意力的注意力網絡，無法專注在特定任務上，就很容易受到干擾或分心。另一個則是大腦額葉雖然發育正常，能量補給也足夠，但仍舊無法在一件事情上保持專注，這可能是從日常生活中，養成了注意力不集中的習慣。像是不時就想看看手機，或者同事邀約團購時，本來專注在當下的工作任務，被迫要轉移切換到其他事情，這樣多工的狀態慢慢成為常態。

但大腦不是為了多工處理而設計的。一旦分心後，要回到上一階段工作中斷的地方，就要再耗時間暖機，這樣就會讓自己的工作效能降低。**現在很受歡迎的「番茄鐘工作法」，就是讓自己全心全意集中在當前任務二十五分鐘，這段時間就只能專心致志完成眼前的工作。等時間到了，再好好休息十分鐘。**這樣的方式很符合大腦運作，但是很不符合現代人長期積累的惡習。番茄鐘工作法就是強迫自己專注的好方法，以避免人們常常三心二意。

選擇適合自己的工作環境，也是一個可以讓自己專注的方法。有些人喜歡在安靜的環境下工作，有些人則喜歡在有背景噪音的環境下工作。有些人喜歡在廣大的辦公室跟大家一起工作，有些人則喜歡在一個人的室內，因人而異。若工作的時間很長，要讓專注力維持且降低疲乏感則需要適當的休息，可以配合番茄鐘工作法，插入適當的休息時間。例如，專注處理事情四十分鐘後，讓自己休息五分鐘。轉換環境、放輕鬆、將專注力完全轉移原本的工作事項，洗臉、喝飲料、看遠方或隨意與同事閒聊，讓大腦的工作模式可以適當地休息。

現代社會造成失控的預設網絡

「預設網絡」既然是人們生活的主要中心網路，如果失衡了會怎麼樣呢？我們知道預設網路扮演著對過去與未來的思考評價或規劃，或是人在休息時的主要運作模式。在現代社會高工時、高壓力的工作環境下，下班後往往還想著白天的工作。或是對自己今日的表現感到不滿意，為了讓工作表現更好，需要對自己加倍嚴格的檢討或鞭策。

人們經常在一天辛苦工作後，仍思考著未來工作的事情而無法好好放鬆，在預設網絡模式過度運作下，直接干擾了睡眠網路的運作，大腦無法放鬆、無法好好睡眠，第二天精神不好則影響了當天大腦工作模式的運作。預設網絡模式過度運作下，最常見的文明病就是「焦慮」，焦慮的原因之一就是過度執著、思考尚未發生且難以解決的問題，一心想著要找到完美的解決方法才罷休。這就類似手機在執行某個背景程式後，必須回傳一個結束訊號，當訊號出現時即完成運作，結束背景程式。當程式出現問題，一直等不到回傳的結束訊號時，程式就會不斷地重複運作，造成手機過熱。而當你想執行新的程式時，手機運作就很慢、跑不動，出現類似當機的狀態。

由於「預設網絡」是大腦中運作最為基礎且廣泛的網路系統，當運作失衡時，往往與許多的精神或認知疾病有關係，如果能好好訓練這個網路的穩定性，應該是很美好的事。這也與我們對於腦海思緒的掌控度有直接的關聯。如果任憑腦海自由運作，可能會使我們在休息時難以放鬆。所以，人們總是會進行一些方法來放鬆或控制自己的預設網絡。

大腦知識

下班後人們很常進行一些與上班截然不同的事情。例如，看新聞、聽音樂等，比較被動接受訊息刺激的休閒活動。利用輕鬆的訊息處理，轉移白天工作網路的模式，也讓預設網絡不會過度活躍在跟上班有關的事務中。這種利用輕鬆外在刺激轉移注意力的方式，不能算是訓練。很少人能夠閉眼面對自己腦海中的思緒，然後告訴自己要控制思緒讓它穩定下來。多數人不知道如何進行思緒控制的練習，然而，正念練習即是一種練習控制思緒的好方法。

覺察當下，才是正念本身的精髓

利用靜坐冥想與正念瑜伽的技巧，
了解內、外在壓力源與自身的關係，並使當事者學習活在當下。

閱讀到這段文字的當下，眼睛不離開書本，你是否知道自己現在身體的呈現什麼樣的姿勢？也許是坐在椅子上，身體前傾雙手靠在桌緣；或是靠著椅背雙腳交叉，也可能倚著牆站著，就算眼睛沒看到身體的部位，也能感受到它的狀態，這樣的覺察其實就是正念的基礎概念。

正念，是對當下有意識且不加評判的覺察。因此，對於當下感受到的一切身體感覺、情緒狀態、念頭想法，不論是正向或負向感受，只要有意識到、留意到就是正念。**正念並非只關注好的感受或正向的事情，也不是要心無雜念或丟掉一切思想，覺察的本身才是正念的精髓。**

簡單來說，正念就是以開放和接納的方式，留意當前的感受。是一種活在當下的想法，接受目前正在發生的一切。在留意當下所發生的事情之前，需要暫停，暫停提供了思考空間，讓我們有機會考慮各種選擇，然後做出決定。保持正念，指的是讓自己維持在當下這一刻，而不是反覆被雜念所分心。許多研究指出正念可以減輕壓力、維持健康，當你心平氣和，拿著一杯咖啡坐在椅子上，很容易保持專注；一旦出現壓力或情緒挫折時，要保持平常心的專注，反而變得困難，而這時更需要心平氣和，也最需要正念的氛圍。因為，人本來就很容易受到外在的影響而分心，要修練出堅實而穩定的專注力，需要從日常生活中開始練習，這樣才不會在需要專注放鬆時，被負向情緒劫持。

正念（Mindfulness）一詞源自於巴利文Sati的翻譯，但也有一些專家學者將之翻譯為覺知（Awareness），專注（Attention），憶持（Retention），明辨

（Discernment）。

現今大部分使用「正念」一詞，是來自於麻薩諸塞大學醫學院創辦「醫學、健康照護與社會正念中心（Center for Mindfulness in Medicine, Health Care and Society）」喬・卡巴金（Jon Kabat-Zinn）博士的推廣，他對正念的操作型定義為：**「刻意地、當下地、不帶評判地，注意時時展開的經驗所產生的覺察力。」**卡巴金是將正念引入西方現代潮流的主要人物之一，將正念的精神從東方佛教中萃取出來，並以嚴謹的科學研究去證實正念對人體的改變，特別是對大腦的幫助。因此，當代正念本身已不帶有宗教色彩，且有明確的操作型定義及系統化的訓練方法，這樣的方法快速地在世界各地傳遞開來，被各界廣泛使用。而卡巴金博士的研究顯示，如果患者練習正念，從疾病復原的時間比較快。

讓腦海中的想法自然來去，平緩過度活躍的大腦

許多挫折與痛苦，其實是來自於持續追求有別於事物真實樣貌的執念。正念減壓法的目標在於協助人們學習如何全然地活在當下，而非緬懷過去，或過度關注未來。利用靜坐冥想與正念瑜伽的技巧，教導大家用建設性的態度了解內、外在壓力源與自身的關係，並使當事者學習活在當下。實際治療時，會要求大家進行身體掃描冥想，協助觀察自己身體的感覺，鼓勵在日常生活中就進行這樣正念的態度，並且每天練習正念冥想。

正念的意涵可從英文字上來解釋，Mindfulness，Mind是「專注」的意思，Ful是代表「充滿了」，Ness則是代表名詞，所以Mindfulness的意思就是充滿了專注。通常指專注在內部某個當下的狀態，可以是呼吸、肌肉或身體的感覺、溫度等。在專注的過程中，腦海中一定會出現很多自動化的想法或思緒，正念的重點就是把念頭放在專注的地方，**對於腦海中自動出現的各種想法，採取「不在意」的方法，不特別控制它，讓它自然來、自然去。這種不刻意控制的方式，就是一種學習控制念頭的方法。**

念頭就像是一杯被攪動的水，該如何才能讓杯裡的水停下來呢？唯一的方法，就是讓整個杯子平穩的放在桌上，不需要攪動它，杯裡的水就會慢慢停止。也就是說，透過正念的練習可以平緩過於活躍的預設網絡模式。廣義的來說，一切能夠專注在當下的行為或感受，都可以算是一種正念的形式。例如，專心地吃飯，去感受體驗吃飯的各種行為與身體感覺，但邊吃飯邊看電視新聞，則不是正念；通常運動也是一項專注在當下的活動，但如果邊慢跑、邊聽音樂，則不算正念，是一種分心的狀態。

正念時，大腦聚焦在當下的觀察與感受，而非批判與評價。其中一項主要的差別就是在語言的負荷上。多倫多大學在二〇〇七年的功能性磁振造影研究證實，當在敘事性的自我回顧時，大腦腹側中間及左側的額葉的活動提升；而在正念訓練之後，經驗當下的自我感覺則會讓大腦右側、背側的額頂葉活躍。煩惱主要牽涉到以自動化語言為主的大腦網路系統，而正念，則是偏向右半邊網路的專注與感受系統為主。

經過正念訓練後，大腦腹側中間前額葉的活躍性會降低，**腹側中間前額葉也就**

是主司自我評價與監督系統，充滿好與壞、對或錯的判斷詞彙連結，這部位同時是預設網絡模式的前半腦主要節點。所以當預設網絡模式過於旺盛時，大腦會充滿各種的自我評價，重複不斷地干擾思緒。反之，右側、背側的額葉、頂葉部分，會在正念訓練後更加活躍，這代表非語言性的經驗與感受提升。大腦專注在身體的感官系統，此時像是一位觀察者在觀察、感受自己的身體或思緒，而不帶太多好與壞的評價。

進行八週的改變：正念的益處與科學研究

從現在開始透過正念練習，一步步找回自己當下狀態的覺察，重新做回自己意識的主人。

威斯康辛（University of Wisconsin System）大學心理學系情感神經科學實驗室的研究顯示，八週正念課程可以讓與正向情緒有關的腦區更活躍，並且提升身體免疫功能[14]。哈佛大學醫學院的研究則發現，八週正念練習，即可觀察到大腦生理結構上可測的改進，這些接受正念練習的學員，在大腦的右腦島和感覺動作皮質區的皮質厚度顯著增加，同時與擔憂、焦慮、憂鬱和情緒障礙相關的幾個心理指標顯著降低。加拿大多倫多大學心理系的功能性腦造影研究也顯示，參與八週正念課程的學員比起沒參加過的學員，在與自我參照相關的腦區活化降低，與同理心有關的腦區則較活躍[15]。自我參照即是形塑自我概念的過程，從每個「我是……」的想法集合起來，當我們接收到外界訊息時，經常會慣性將他人和自己做比較，這個過程就是一種自我參照。**學習正念能夠幫助我們減少這種對自己的評價，將注意力帶回到客觀、單純的事實。**

當你什麼都不做時，大腦的某些區域仍然處於高度活化的狀態，甚至比專心處理困難的任務還要活躍。這些區域，主要是中線前額葉皮質和後扣帶皮質區，這些神經迴路被命名為大腦的「預設模式網絡」，當我們「什麼都不做的時候」不見得

14 Davidson, R. J., Kabat-Zinn, J., Schumacher, J., Rosenkranz, M., Muller, D., Santorelli, S. F., ... & Sheridan, J. F. (2003). Alterations in brain and immune function produced by mindfulness meditation. Psychosomatic medicine, 65(4), 564-570.

15 Farb, N. A., Segal, Z. V., Mayberg, H., Bean, J., McKeon, D., Fatima, Z., & Anderson, A. K. (2007). Attending to the present: mindfulness meditation reveals distinct neural modes of self-reference. *Social cognitive and affective neuroscience, 2*(4), 313-322.

真的「什麼也沒做」。實際情況通常是在胡思亂想、思緒漫遊，而這些思緒通常都和自我有關。例如，我的想法、我的情緒、我的限時動態誰瀏覽過了，這些心中的小劇場，會在我們沒有要特別專注處理事情或任務時不斷上演。

不再上演小劇場，讓心回到當下

正念練習或各種修行方法，都會幫助我們練習把心帶回到當下，從散亂的念頭回到一個特定的錨定點，例如，呼吸或咒語。而這樣的動作在大腦的神經活動顯示，背外側前額葉皮質和預設模式網絡之間的連結會活化起來，研究顯示資深禪修者的這個連結比初學者還要強。當這個連結越強，前額葉皮質區的神經迴路越能夠抑制預設模式網絡，讓心中的小劇場不這麼豐富，能夠慢慢平靜下來。

正念當然也對認知功能有所助益，正念練習有很大一部分就是在練習掌控專注力，提升投入在當下事件的專注力品質，讓心思不會馬上就飄走，或是飄走之後，可以很快發現並將注意力再帶回到當下事件。這樣的能力顯然對於學習與記憶有很大的幫助，研究指出，正念練習（每週四次，一次四十五分鐘，共兩週）提高了美國研究生入學考試（GRE）的閱讀理解分數和工作記憶能力，同時減少了在考試測驗期間分心走神的狀況[16]。

即使是正念練習的初學者，也能在短暫的練習後就體驗到一些益處。例如，增進專注力。但是當練習中斷，這些效益可能就難以維持。因此，若想培養出穩定的專注力及對大腦形成改變，需要投入長期且穩定的練習，才能改變多年來胡思亂想的習慣，或是受到資訊爆炸影響，而逐漸流失的專注力。**從現在開始透過正念練習，一步一步找回對自己當下狀態的覺察，重新做回自己意識的主人，掌握注意力分配的目標。**

透過長期練習正念的禪修者腦造影研究，這些資深禪修者在大腦的某些區域會

16 Mrazek, M. D., Franklin, M. S., Phillips, D. T., Baird, B., & Schooler, J. W. (2013). Mindfulness training improves working memory capacity and GRE performance while reducing mind wandering. *Psychological science, 24*(5), 776-781.

增大，包含腦島（與內在覺察有關）、感覺動作皮質區（對身體覺受的敏銳度提升）、前額葉皮質區（注意力控制）、扣帶皮質區與眼窩額葉皮質區（自我調控能力）。[17]這些研究提供了正念對於大腦改變甚巨的證據，不僅是某些神經迴路活化狀態的變化，而是形成某些區域的大腦結構改變。但過去研究上仍有其限制，原因來自於不同的正念練習方式，所影響的神經迴路可能有所不同，未來對大腦測量的工具將更細緻且精準，對於不同練習方式也有較明確的區分，研究將能更精確的驗證特定方法對於大腦的改變是什麼。現在可以確定的是，越早開始練習，就越早享受到正念帶來的好處！

---

17 Fox, K. C., Nijeboer, S., Dixon, M. L., Floman, J. L., Ellamil, M., Rumak, S. P., ... & Christoff, K. (2014). Is meditation associated with altered brain structure? A systematic review and meta-analysis of morphometric neuroimaging in meditation practitioners. *Neuroscience & Biobehavioral Reviews*, 43, 48-73.

正念的入門練習：從觀察自己呼吸開始

練習腹式呼吸，可以透過心肺同步的效果，達到穩定自律神經的平衡。

「呼吸」可能是讓你緊張的原因。你曾觀察過自己是用什麼樣的方式呼吸嗎？呼吸就是吸氣和吐氣有什麼好注意的？其實呼吸有分為「胸式呼吸」和「腹式呼吸」，而當你沒有留意自己的呼吸方式，在潛意識裡暗示自己處於一種緊張的狀態。試著把左手和右手一隻放在胸上，一隻放在腹部，看你平常呼吸的時候，哪隻手起伏比較大？如果是胸上的那隻手，那你就比較偏向胸式呼吸；如果是腹部那隻手起伏比較大，那就是腹式呼吸。**一般來說，胸式呼吸是比較式容易緊張焦慮的呼吸方式，因為當你在擔憂時，容易上氣不接下氣，呼吸很快，代表要準備面對外在的威脅。**如果是腹式呼吸，通常呼吸頻率沒辦法很快，並且可透過心肺同步的效果，穩定自律神經的平衡。

腹式呼吸的原理是透過腹部呼吸，調節自律神經，降低清醒焦慮系統的活化程度，進而讓頭腦與身體感到放鬆。緩慢的腹式呼吸可以使肺泡與微血管有充足的時間做氣體交換。大家可以嘗試讓自己吸氣的時候，讓氣體到腹部，肚子會像一顆氣球般鼓起來，吐氣的時候縮小腹，讓空氣從鼻口緩辦呼出。記得吸氣的時候是腹部要鼓起來，如果「吸氣」時是胸部鼓起來或者腹部凹下去，都是不正確的喔！

這樣呼吸，會產生異想不到的效果！

◆鬆開過緊的衣物，安靜的坐著或躺著。

◆「緩慢」的吸氣與吐氣。吸氣時讓腹部鼓起，此時放在腹部的手感到腹部上升；呼氣時，感受到腹部的手下降。你可以先觀察自己每分鐘呼吸的頻率，一般來說，每分鐘八到十二次是比較能夠放鬆的頻率。

◆練習重點集中在緩慢、輕鬆的呼吸。每天至少練習二至三次，每次五到十分鐘。透過呼吸來穩定自律神經的平衡。

◆每分鐘十二次，用鼻子吸氣，吸氣時心中默數「一秒鐘、兩秒鐘」，再暫停約半秒鐘。用嘴巴呼氣，呼氣時心中默數「一秒鐘、兩秒鐘」。每分鐘八次：用鼻子吸氣，吸氣時心中默數「一秒鐘、兩秒鐘、三秒鐘」，再暫停約半秒鐘。用嘴巴呼氣，呼氣時心中默數「一秒鐘、兩秒鐘、三秒鐘」。

◆待呼吸速率調整穩定之後，吸氣時心中可默唸「吸氣」，吐氣時則默唸「放鬆」。

練習目的：培養專注力，讓散亂的心回到當下，練習與自己的內心相處。

前置準備：找到一個安全且較不受打擾的空間，可以坐在椅子上也可以盤腿坐在墊子上，時間從五分鐘到三十分鐘都可以，可以事先設定好計時器，避免在練習過程中反覆查看剩餘時間。

練習步驟：

STEP 1 首先找到舒適的姿勢坐著，讓脊椎從下而上的延伸，背部自然挺直，肩膀放鬆、上半身不需用力，留意一下臀部與坐墊或背部與椅背的接觸面，感覺身體正以這樣的姿勢坐著，可以將眼睛閉起也可以微微張開。

STEP 2 先從一個緩慢輕柔的吸氣開始，把注意力放在呼吸最明顯的位置，可能是氣息從鼻腔流進、可能是胸口或腹部的起伏，感受空氣經過身體的感覺，再來一個緩慢輕柔的吐氣。

STEP 3 接著就只做這件事情，體驗呼吸、觀察此刻的狀態，是氣息正在進來，還是氣息正在出去。有時會在進與出之間短暫停頓一下，清楚的知道它此刻的狀態，不需控制呼吸，只需要觀察它、體驗它，像是在河流旁邊看著水流也不會改變水流的速度，像個旁觀者很有耐心的，放鬆又警覺地觀察自己的呼吸。

STEP 4

過程中若發現心已不在呼吸上，開始想到過去的回憶或未來的計劃等，都是非常正常的，不要自責、不要氣餒，不需要期待心如止水或心中無雜念。當念頭想法出現時，覺察到然後在溫柔地把注意力帶回到呼吸就好，無論心跑掉多少次，就在將心帶回來呼吸多少次。一旦發現自己注意力飄移，就將注意力放回至呼吸；產生雜念是很正常的，不必責怪自己。

STEP 5

不用期待達到什麼境界或企求平靜，只管坐著、感覺身體姿勢，單純的體驗呼吸，並保持開放與接納自己的狀態。

自我練習

一日正念

將覺察融入在生活當中，不用特地撥出時間，隨時隨地都可以練習。

1. 起床時：正念刷牙

將正念融入在每天早晨都要做的例行公事當中。刷牙洗臉的時候，留意手拿牙刷、牙膏的動作，體驗牙膏在口中產生的泡沫或味道，以及水流動的聲音、皮膚接觸到水的溫度等，都是可以覺察的細節，附帶的好處是不會再錯將牙膏當成洗面乳。

2. 通勤時：正念行走

不是所有的正念練習都要慢慢來，快步趕車時也可以保持著正念的覺知，把注意力帶到步伐當中，左步右步去體驗走路的過程，人體是如何巧妙的搭配著全身關節的活動，也可以留意肌肉的收縮與舒展。別忘了還有沿途的風景，雖然每天都走相同的路線，但當你抬起頭來觀察周遭，也許你會發現每天都有不同之處。

3.午休時：正念伸展

坐在辦公桌前一整天的上班族，可能一不小心就維持一個姿勢太長時間，等到發現時，已經僵硬緊繃甚至發炎。可以利用午休時間讓自己的身體動一動，一方面做伸展讓身體更健康，二方面也在發展覺察力，讓你的正念在流動當中，還是可以繼續維持著。時時刻刻回到當下，覺察自己的動作與感覺，跟自己在一起。依序扭轉一下你的頭部、頸部、肩膀、腰部，感受扭轉著過程，肌肉的緊繃放鬆，做完之後也體驗一下身體有什麼改變。

別讓大腦過勞！休息，就是要徹底關機

大腦疲勞，很少會立即感覺到，別等到無藥可救，當你在做白日夢或注意力發散時，請暫時脫離工作狀態。

週間工作時喊著「好累」，內心希望好好放個假休息一陣子。放假時睡到自然醒，醒來後卻發現身體更累。這樣的疲勞狀態，似乎沒有因為暫時停下手邊的工作休息而復原。所以真正產生疲勞感的，或許不僅是身體，而是我們的大腦。因為工作型態的轉變，過去的「勞力活」，現在有許多「腦力活」；以前工作強調動手，現在不僅要動手還要動動腦。但如果只有動口，就會被同事說嘴，說你只會出一張嘴。

身體疲累，會從行為表現反應出來；心累，會由情緒反應出來；但是大腦疲勞，卻很少會立即感覺到，甚至是沒有疲勞的疲勞狀態。等真正出問題的時候，往往都非常的嚴重。這種狀況就像是看牙醫，平常都不做牙齒檢查，抗拒看牙醫，等到牙疼到逼不得已踏進牙醫診所時，卻已是要做根管治療的程度。現在職場工作者都是重度手機使用者，看到手機快沒電就得趕快充電；看到沒有網路，就好像快與世界隔絕。手機運作得比較慢或開啟應用程式有點慢，就想要把手機換掉，因為覺得它太老舊了，需要更新。如果手上的手機，是你的大腦呢？大腦的電量夠嗎？是不是要充電了？需要多久的時間才可以滿格？可以連上應用軟體嗎？

有時我們會有一些特別的瘋狂認知，期盼一切照舊，卻又希望事情有所改變。在神經元的層次上，學習代表我們產生足夠大量的神經突觸，使某行為可以自動運行。但既然可以學到，也可以失去，只要沒在用，久了就會沒有用。

被腦中雜念影響也沒關係，偶爾走神也無妨！

大腦神經可塑性讓我們所學到的、所經歷到的，都會相對應產生很多突觸。但研究發現心理訓練，在心智中設想自己已經達成原先想達成的目標，我們就會越來越熟能生巧。就像運動員，如果要精熟某一個動作，他的教練會請他不斷地思考反覆演練，在心裡預演整個流程，直到能夠完美呈現。心裡所想的就是把整個流程預演過一次，下一次臨場的時候，才能將更多的注意力放在表現上。相較於只是單純在身體方面反覆進行操練，配合心理訓練能增加四〇%的速度，增加訓練效果。

我們每天都面臨各式各樣的壓力，每天努力工作，就是希望能夠有效率地完成手上工作，但是一不小心走神了，或者對著別人無心的一句話走心了，此時思緒開始變模糊，好像越來越多雜念浮現在腦海裡。當問題遲遲無法解決時，就會啟動逃避雖然可恥，但好像還算是有用的因應策略。

走神並不代表是壞事，而是大腦在放鬆的狀態下，仍有基礎的活動在運行；即便人在休息時，大腦不同區域也存在大範圍的神經活動，就像看似平靜的大海下，也會有波濤洶湧那樣，這樣的狀態在動靜之間轉換，大腦即便不執行特定任務，仍舊高度活躍。

前額葉皮質讓我們對他人的情緒經驗感同身受，具備同理心，在時間推進中覺察到自我，就像汽車的駕駛排檔，讓人可以改變觀點、態度和行為。大腦的神經樂在學習，在處理任務的時候都需要將注意力放在當前的任務中。**專注力是一種稀缺的資源，當你嘗試把有限的專注力，同時多工處理的時候，就比較容易犯更多錯誤，或者完成單一任務的時間就會變慢。**而當個體放空開始無所事事的時候，大腦某些區域的活躍程度反而會比執行任務時更高。大腦處於放鬆、沒有從事任何活動的休息狀態時，預設網絡會聯繫多個腦區的網絡系統，讓人們在做白日夢或注意力發散時，可以暫時的脫離工作狀態，讓大腦休息。

自我練習

休息處方箋

不想上班，有些是真的不想上班，有些則是需要好好休息。在努力工作背後，往往會錯誤地以為努力就不該休息，這是不對的。常有人說：「休息，是為了走更長的路」，站在大腦科學專業的立場，這句話應該改為：「休息，就是為了休息」。

◆輕度休息（飛航模式）

時間長度：10～20分鐘。

頻率：白天空檔、午休（每天）。

使用方式：小睡、閉目養神、放空、走動、翻閱書報。

放鬆訓練：腹式呼吸、正念冥想、肌肉放鬆、正念飲食。

◆ **中度休息（待機模式）**

時間長度：2～3小時。

頻率：休假日（每週）。

使用方式：郊遊、看展、逛街、和親友聚餐。

◆ **重度休息（關機模式）**

時間長度：1～3天。

頻率：連續假期或者安排休假（每季）。

使用方式：旅行、學習、做能讓自己恢復精力或心情愉悅的活動。

壓力是大腦進步的源頭，讓你工作不卡關！

每克服一次困難，內心的復原力就會更加強大。

講到壓力，許多人都會直覺想到負面的，你覺得一個人在壓力之下，表現會變得比較好？還是受到壓力影響而表現不佳？答案其實是：要看你對這項任務的熟悉程度。

心理學有個「耶基斯—多德森定律（Yerkes–Dodson law）」是在描述個體在壓力下的表現，一般來說壓力的程度和表現呈正相關，適度的壓力，能產生尖峰表現

（Peak performance），但也只會到達一個峰值。如果壓力過度，超過自己所能應付的，表現反而會開始下降，就會容易產生疲勞或者心力耗竭。

所以當一個人無憂無慮，未必能拿出最佳表現，這時候適度的壓力反而能激發出更大的潛能，這就是為什麼有時在職場表現會出現黑馬，有時候是在適度壓力下產生的；一旦成為黑馬，多數職場就會希望你一直是黑馬，然後在旁拍掌叫好，如果這時候這個黑馬又是高敏感又有完美主義性格，就會開始產生「冒牌者症候群」的情況，然後就會給自己壓力，接著就從巔峰表現中滑落，

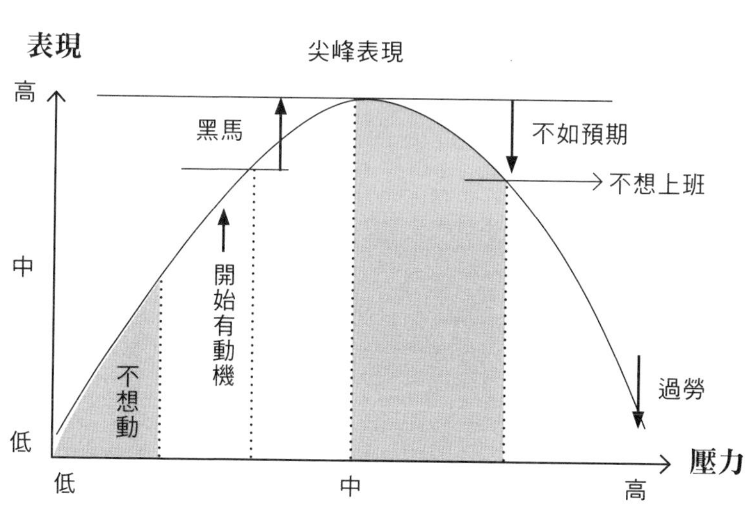

並不是你表現變得不好，而是給自己的壓力太大，或者你的尖峰表現，在工作中變得理所當然，然後就從能者多勞，變成能者過勞。

這是在一般工作熟悉的任務下耶基斯—多德森定律大多是鐘形曲線，但是你對於這項任務的熟悉掌握程度，會決定壓力多大多小才能達到巔峰表現。如果是你駕輕就熟的工作，那麼可能要加強壓力的力道，才會有超水準的表現；如果是你陌生不熟悉的領域，那麼輕微的壓力就可能讓你表現走鐘。該如何決定壓力大小影響工作的表現？當然就是讓大腦不斷提升學習，才有辦法在每個關卡晉級。

在工作上，要面對烏煙瘴氣、狗屁倒灶的事情太多，如果混在一塊那只會變成和稀泥，讓自己陷入泥沼裡。面對壓力，你可以練習分離（但不是靈肉分離），是把要處理的事情區分為「無法控制」與「可以控制」。像是在上班時，你正在趕一份報表，突然電腦當機壞掉，發生這件事情的當下，事件已成為既定事實，若你一直糾結於為什麼電腦這時候壞掉，那就是屬於「無法控制」的部分；如果你這時候想到資料都有備份，可以換一台電腦繼續未完成的工作，這樣就是屬於「可以控制」的部分。又或者這份報表明天才要遞交，這時候你手邊還有其他工作，就在等待電腦維修的時間，做其他事情，這就是可以控制的部分。

接受已發生的事實，放下糾結點

這樣的區分，其實也和接下來的情緒焦點和問題焦點因應有關。因為當發生的事件是無法控制的，也就是要發生或不發生，並不是掌握在你手裡，而是在別人手裡或者其他不可控的因素，一旦發生就是事實，這時候就只能學習放下事件本身，不在糾結於情緒，讓自己冷靜下來。可以掌握控制的部分，通常就會走向問題焦點解決，開始想替代方案或者做點什麼事情。很多出現不想上班症候群的人，就是一直糾結在既定的事實上，而讓自己繼續消耗情緒能量，讓大腦繼續當機（內心小劇場可能還會一直吶喊：為什麼是我？）。然後腦海中負向自動化思考的螞蟻（ANTs）就在旁邊加油添醋、加碼演出，你就是這麼糟糕、這麼爛、所以所有事情都辦不好。接著，就陷入了無限悔恨中，但既然事情已經發生，我們都沒有哆啦A夢的時光機可以回到過去，只能把握當下繼續努力，畢竟人的一生只有兩天：昨天與今天，昨天已經過去了，現在可以努力的是今天。今天是昨天的你所生成，而明天是現在的你要決定。

不同的人對同樣一件事情反應可能大不相同，但是不論是什麼樣的壓力，總是會有因應的方法，這種因應壓力的過程稱為「因應策略」。

心理學是研究人類行為的科學，但是人類行為是大腦的一種功能，人類行為具備三個要件：刺激、大腦與反應。大腦是心智活動的基礎，或者說硬體。客觀現實是產生心理活動的決定因素，或者說軟體。「有靈的活人」活人要有基礎運作，有靈則是相同刺激會有不同的反應。

壓力因應策略是指消除或改變壓力來源，心理學家Lazarus和Folkman認為壓力因應的策略可以分為「問題焦點因應（Problem focused coping）」和「情緒焦點因應（Emotion-focused coping）」；問題焦點就是直接處理壓力來源，當個體認為該壓力是具有挑戰性，或者可控制的情況時，就會採用問題焦點因應。而情緒焦點因應是控制自身對壓力的情緒反應，當壓力是自身無法掌控時，調節自身情緒就是一種因應策略。

人生工作中有許多經驗，都可以讓大腦能藉機學習；人類大腦的神經具有可塑性，因此不斷反覆練習就有機會調整回正軌。要提升大腦功能，消除心累感，那麼就得小量而密集的練習，鍛鍊自己的大腦心智。

在職場工作中，常會面對未知的挑戰，因此大腦不時處於備戰狀態下，但每一次克服困難、解決問題或度過危機時，內心的復原力就會更加強大。但是**大腦需要在安全感下，才能啟動神經可塑性，開始進行學習和重新配置大腦神經資源。**大腦處於放鬆時，或者說進入預設網絡模式時，是學習、整合能力最佳的狀態，緊繃的大腦會暫時放鬆，大腦最佳狀態不是完全放鬆，或者百分之百專注的時候，反而是在這二種狀態不斷共存切換，雖然很抽象，但就是放鬆而專注的狀態。看似矛盾，但這種現象的確存在，在警醒專注下，還能保持冷靜放鬆。在大腦處於自然平衡的狀態，稱為挫折容忍度（Windows of tolerance）。

但是長時間經歷了壓力，產生了大腦疲勞，這種耗竭容易產生曠職、離職、績效低落、同事關係不佳、家庭問題，以及個人健康不佳的情況有顯著的相關。但，事實上在工作中最令員工感到痛苦的是他們的直屬上司。耗竭最常被誤解為個人的問題（像是個性上的缺陷或不夠積極等），但事實上耗竭代表的可能是公司組織的問題，而不是個別員工的缺陷。

正面或負面的情緒，都是在對大腦發出有重要的事情將發生的訊息。改變大腦，就能改變人生；但是其實人生哪有那麼容易改變，其實改變大腦，不一定能夠改變人生，但卻能讓我們更享受人生。就像我們無法阻止海浪，但我們可以學著衝浪。**訓練大腦，不是為了改善症狀，而是為了讓生活變得更好。**

善用感激法，讓大腦遠離緊張和焦慮

改變並非一蹴可幾的，最務實的做法，是把大腦的負向網絡調整為正向網絡

陷入緊張的情緒後，掌控記憶的海馬迴會接收到「我很緊張」的訊號，這樣海馬迴就會提取過去失敗的經驗和記憶。過去不好的記憶，容易讓大腦變得難以思考其他事情，甚至會出現嚇傻的反應，就會讓自己呆滯在原地。

如果自己是很容易緊張的個性，先想像自己會怎麼樣？**預設自己可能出現的情況，但不要出現過度災難化的思考，有點防禦性悲觀可以讓我們成功應對。**但是過

猶不及，如果極端的負向思考，又容易讓自己當機。所以讓自己保持彈性，比較能適應外在的變化，如果彈性區間越大，那麼就越容易適應。

感覺並不是事實，感覺不舒服不代表無法做事情。這樣的狀況在處理衝突或者高壓力事件時，更應讓自己冷靜，無論是處理客訴、上級施壓或其他需要先因應的事件，焦慮都是正常的反應。

現代人的生活模式，常處於壓力之下，飲食不健康、缺乏運動與睡眠不足，而開始出現慢性疲勞症候群，長時間下來會出現過勞。與其硬撐，不如獎勵一下大腦。感激法（Gratitude exercise）或稱感恩法，方法很簡單，只要想一下最近發生在身邊的三件好事情，然後好好謝謝這些好事發生。雖然大腦直覺上會覺得這沒有什麼，但是大腦特別的就是容易預設立場，然後發現自己預設的立場並不總是理性。**因為人總是會有趨吉避凶的傾向，遇到事情會往不好的地方想，為了讓自己倖免於難，小題大作很常見。**想想看你的手不小心被訂書針刺到，現在可能會覺得沒什麼，但是在醫療不發達的遠古時代，不小心被針刺到可能會感染喪命。因此，我們對於不熟悉或可能令我們感到不舒服的事件，總是習慣先往最壞的地方想。

人們的念頭或思緒，都是由大腦神經網絡所產生。因此，我們越常想起的事件，神經網絡就越會緊密的串連在一起，接著慢慢強化這些負面的念頭。越常想負面的事情，就越容易看什麼都不順眼，不順眼就會繼續告訴大腦自己怎麼那麼悲慘、倒楣、還有點衰，最後就陷入無限的迴圈。

具體的說出感謝，讓大腦記得正向人生觀

此時要做的事情就是：「改變它」。改變並非一蹴可幾的，最務實的做法，是把大腦的負向網絡調整為正向網絡，調整的方式就是從身邊的好事開始。

「我覺得○○○很好，因為○○○……」前面寫出具體事件，然後寫出原因，為什麼要寫出原因呢？**因為感恩並不完全是一種「感覺」，而是把感謝的事項具體化，找得到原因大腦才會覺得比較具體**。當我們開始練習去看生活中的正向面時，正向人生觀的大腦神經網絡就會被激發、被鍛鍊，生活就有機會變得更好。

每天找出三件值得感謝的事情，即便只有短短的一週，幾個月後人生會變得快樂許多[18]。如果你覺得真的找不到，人生就是這麼黑暗，背景充滿了許多斜黑線，額頭左右側都有三條線以上，那麼去看看好笑的影片、聽聽笑話，這也和想著三件好事一樣能達到類似的效益[29]。如果看到這裡，你還是沒有行動、沒有去執行，那麼就請你進行以下練習：

◆準備一本小筆記本，隨手寫下好事發生。
◆手機設定小鬧鐘提醒自己，用10～15分鐘回顧一日美好。
◆和另一半或孩子，或者對自己的內心說話，分享這一日的美好。
◆在自己的平台上（Facebook，IG或其他），寫出本日感恩事項。

有一句廣告台詞是「沒事多喝水，多喝水沒事」；可以調整為「沒事多向善，多向善沒事」。沒事多向善，是平常多以感謝或是感恩，來留意身邊的人事物；如果一時之間要轉換正向思維有點辛苦，那麼就是多向善沒事，也就是多做一些好事，畢竟施比受更有福。那該怎麼施呢？要提升正向的思維，除了感恩的心、每日三好外，還有運用潛能。

◆ **感恩的心（Gratitude visit）**：寫下對一個人的感謝，但你從未真正好好表達謝意的人。

◆ **每日三好（Three good things）**：每天寫下三件好事或者令自己感到心滿意足的事，持續一週。

◆ **運用潛能（Using signature strengths）**：找出自己的優勢，並應用這些優勢來幫助別人變得更好。

幫助別人並不是單指金錢奉獻，而是運用潛能優勢與做自己在行的事情。大腦喜歡新鮮感與學習改變，覺得生活中充滿驚奇，也知道未來有希望，才能不斷自我提升。

---

18 Mongrain, M., & Anselmo-Matthews, T.（2012）. Do positive psychology exercises work? A replication of Seligman et al.（2005）. *Journal of Clinical Psychology*, 68(4)，382–389. https://doi.org/10.1002/jclp.21839

19 Gander, F., Proyer, R. T., Ruch, W., & Wyss, T.（2012）. Strength-Based Positive Interventions: Further Evidence for Their Potential in Enhancing Well-Being and Alleviating Depression. *Journal of Happiness Studies*, 14(4)，1241–1259. doi:10.1007/s10902-012-9380-0

專注在長處，會讓人更有動力精益求精，也就是專注完美、近乎苛求；不管你所在的公司有沒有強調提升職能，追求自我提升是可以來自內心的。心理學研究發現，當個體在一週內想著如何發揮長處，或者自己的能力可以應用在什麼地方[20]？發現有這樣做的人，都感覺到自己更有精力、更有活力，並且對於未來充滿希望，同時主觀感覺到的壓力也變得比較小。經過一季或半年後再繼續追蹤，這樣的自我激勵效果仍然持續存在。因此，花點時間來盤點自己的優勢長處，然後思考怎麼應用在自己或幫助他人，都是一個投資報酬率很高的行動。

提高樂觀的程度，取決於你置入大腦的快樂記憶

心理學有的「峰終效應（Peak-end rule）」現象，一天過得好不好，不是每件事情的總和，而是當天狀態最好，以及最差的時刻。這又是大腦的偏好，因為**大腦喜歡簡單又省力的任務，除非必要，不會耗費太大的心力。因此，會把日常生活中的**

現實，簡化成簡單的版本在記憶中，只想著最好和最差的高峰和終谷二個資料點，而不是每時每刻的資訊[21]。這和我們感覺是否正向快樂有什麼關係呢？

當有人問起：「你快樂嗎？」你要回答：「我很快樂。」快樂來源有兩種：一種是來自瞬間的快樂，一種來自記憶的快樂。瞬間快樂是指當下的快樂程度，也就是受到當時的人、事、物所影響；而記憶的快樂是指回想人事物時，對生活滿足的程度，也就是在記憶中的快樂。研究顯示，一個人對於生活的滿意程度，又稱之為「幸福感」，記憶中的快樂對於幸福感的影響程度，遠高於瞬間的快樂。畢竟幸福是一輩子的事情，生活到底快樂與否，就看我們在大腦裡擺放的記憶，是如何剪輯的，可以讓它成為喜劇，也可以讓它變成悲劇。但要用什麼樣的角度剪輯，就取決於你如何樣鍛鍊腦力。

---

20 Wood, A. M., Linley, P. A., Maltby, J., Kashdan, T. B., & Hurling, R.（2011）. Using personal and psychological strengths leads to increases in well-being over time: A longitudinal study and the development of the strengths use questionnaire. *Personality and Individual Differences*, 50(1）, 15–19. doi:10.1016/j.paid.2010.08.004

21 Fredrickson, B. L.（2000）. Extracting meaning from past affective experiences: The importance of peaks, ends, and specific emotions. *Cognition and Emotion*, 14(4）, 577–606. https://doi.org/10.1080/026999300402808

要提高樂觀程度，無法一次到位，而是逐步練習、逐漸累積。在運動員的表現裡，輸了一場比賽後仍能接受媒體採訪的，其心智狀態通常具備了堅韌性，這樣的樂觀思維，也使他們上場表現前能夠降低焦慮，提高比賽中的表現。也因此，在上場前進行心智預演，可以將要進行的專案計畫，先從頭到尾預演一遍，在心智裡跑過一次。或者遇到壓力後，使用奇蹟式的問句，讓自己能夠處理，這是心理治療裡常運用的「問題焦點解決」治療方法。

常說要換個角度思考，但卻總是從同一個角度鑽牛角尖。你的想法不等於你這個人，你的想法就只是你的想法，而且想法會騙人。愛因斯坦說：「你的思考會說謊。」他也提出一件從未想過的事情：「時間並非不變。」這樣的現象與峰終效應不謀而合，你在痛苦的時候，度日如年；歡樂的時候，連假轉眼就消失。時間並非不變，就像是同樣是兩天，每週的星期一和星期二，與每週的星期六和星期日，客觀上的這二天與心理上的這兩天肯定有著絕對不同的時間感。

如果你真的在生活中找不到一絲的快樂，那麼就刻意讓自己的想法轉換一百八十度，想像自己獲得阿拉丁神燈的三個願望，其中一個是目前最在意的問題迎刃而解，那會是什麼樣子？生活會產生什麼變化？

自我練習

想法轉換

- 請把自己的想法轉成一百八十度，如果轉成三百六十度，那就會回到原點。
- 思考轉換是有用的，對於已經在悲傷或者泥沼裡的人，這樣的想法等於灌注希望，許多憂鬱的人是出現無望感，這樣的思維練習等於是讓荒蕪的環境產生希望，就能再繼續耕耘。

恐懼常來自於無知，而無知的人常不會感到恐懼，但恐懼的人常常畏懼看不見的恐懼。對於恐懼的人、事、物，最好的方式就是先掌握訊息，如果擔心自己大腦健康出現問題，那麼就應該接受專業的評估與建議，而不是上網爬文，除非你有辨識網路資訊正確性的能力。因此，消除恐懼或不必要的焦慮，就能舒緩大腦，避免大腦過度疲憊。

Chapter 5

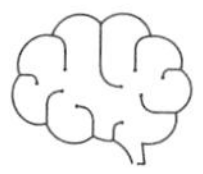

終結大腦疲勞

(To beat brain fatigue)

保持信念與健康

在過勞的世代，許多上班族都已耗盡氣力，感到心很累。為了重拾熱情，做自己喜歡的事情、做自己決定要做的事情，持續保有工作的動力。

腦力就是你的認知存摺，千萬別超出負荷！

是否有做好大腦的規劃？當你疲勞急需用腦時，你的腦力餘額足夠嗎？別被多年累積的大腦疲勞拖垮！

出現不想上班症候群，除了自己努力以外，公司企業也可以透過一些方法來降低員工的大腦疲勞，以下分享幾種方法讓大家參考：

一、**調整專案內容**：工作需求或決策無力，往往會使得員工面臨極大的壓力，但是如果目標明確，適時地調整工作內容，或者彈性的工時，以結果為導向的方式，可以增強員工對工作任務的掌握度，並且能夠增強自我效能。

二、訂定工作目標：公司企業可以透過目標設定來提升員工的達成率，像是年度計畫，分為不同的小專案，分派給適合規劃執行的員工，而員工也會因目標是自己設定而增強完成的動機。**做自己喜歡的事情、做自己決定要做的事情，都是讓員工能夠持續往前的動力。**

三、角色任務確認：有時候會出現不想上班症候群，是因為朝令夕改或者所被分配的角色定位不清楚，這時候不想上班是來自於角色不明確，這時候公司企業可以和當事人澄清在不同專案裡所扮演的角色，讓員工知道公司對他的期望。

四、團隊夥伴支持：很多時候孤軍奮戰難免會心灰意冷，多數不想上班的工作者獲得的社會支持都來自於親友，較少來自工作夥伴或主管；**如果能夠創造肯定讚美的文化，有來自於同儕、主管或團隊成員的支持，將會有效降低不想上班的心情。**

「精神耗盡、對工作的負擔增加、對工作的負面感覺、以及工作效率降低」然後好像要把自己逼到最後，才能看到開花結果，彷彿置之死地而後生。但最後真的把自己逼到死地而後「升」，這種現象稱為「過勞死」。休息好像是一種罪孽深重的奢侈，就像韓愈在《進學解》說：「業精於勤，荒於嬉；行成於思，毀於隨。」意思是學業或事業的精進，是因為勤勉進取；學業或事業的荒廢，是由於嬉戲怠惰。

這樣的情況其實在過去苦力的時代很常見，賺的是皮肉錢；後來賺的是血汗錢。但隨著AI世代來臨，勢必得靠腦力賺錢，因為AI指的就是許多智慧都會取代人力。職業倦怠的前期，會開始出現疲勞症狀，此時我們的大腦會開始出現警訊，緊張焦慮失眠，到最後憂鬱、失智和心血管疾病等；接著是一代新人換舊人，舊人不是掛在沙灘上，就是肝硬化。

如果你是靠腦子賺錢，那麼腦力就是你的「認知存摺」，你有做好大腦的規劃嗎？當你疲勞急需用腦時，你的腦力餘額足夠嗎？年輕時候用健康換金錢，但是多年累積的疲勞與倦怠，失眠與慢性疾病，就好像飆高的房價，這時候要用金錢換健康，得需要更高的代價。

世界衛生組織（WHO）將職業倦怠列入「國際疾病分類（International Classification of Diseases，ICD-11）」中，主要是描述長期工作壓力導致的身心症狀，這種狀況可以從三個向度來看：

一、能量耗竭或疲憊的感覺。

二、與工作的精神距離增加，或與工作相關的消極情緒的感覺。

三、降低專業效能。

如果要用一句話來形容這種症狀，就是「身心俱疲」。你有發現自己越來越容易累嗎？常常一句話就被惹怒，然後怒吃食物、怒買東西，或者從滴酒不沾到想把酒精當點滴來把自己麻醉，這些職場常見的情況並不正常。偏偏不正常久了，就會把不正常當作是一種正常。年輕時候這種腦疲勞的症頭更為常見，所以提神飲料一罐接著一罐，晚上應酬喝酒來一手，早上上班提神飲料也得來一手。

會不會容易產生職業倦怠，心理學家從工作負荷（Demand）、控制（Control）和支持（Support）來判斷；**工作負荷就是心理與生理的負荷量，需要體力和心力，常常需要繃緊神經，步調很快，一人當多人使用，能者多勞終究會變成能者過勞的現象與情況。**

工作控制力，就是自己對工作的任務可以支配的程度。有些是目標導向，只要最後能交出成果，主管不太會在意你是如何達成目標，甚至還會給予你需要的資源。最後，工作支持則是在職場上的社會支持，像是主管挺不挺你？同事愛不愛你？福利好不好？職場友不友善等。想當然爾，如果一個人的工作環境是工作負荷量低，控制程度高以及支持度也高，真的是夢幻職業。但如果你滿腔熱血的到了職場，發現工作負荷量高、可以控制程度低然後又得不到支持，那麼，夢幻職業就成為了幻滅職業。

如何準備好「環境」才能持續燃燒？

打造健康的職場環境，樂在工作的員工，大腦比較有創造力，也才會替公司創造利益。

職場壓力是員工和雇主之間的問題，壓力大的員工有更高的比例發生缺席、事故、疾病和失誤的情況。**現在許多不再強調控制壓力症狀，反而意識到要協助員工找出壓力來源，並了解日常壓力和疾病與痛苦之間的關聯，才是保持大腦生產力的重要元素。**

一開始打拼時，明明就像跑車一樣有爆發力，經歷職業倦怠的洗禮後，把自己搞得像垃圾車，裝著一肚子情緒，裡面有不安、失望、焦慮、煩躁、憤怒等負面情緒。當垃圾車滿的時候，需要有一個地方傾倒，很有可能就倒在身邊無關的人身上。

大腦疲勞怎麼發生的？通常會有三階段的反應，第一階段是開始發炎，一些氧化物的堆積，讓大腦產生發炎反應。接著進入第二階段，自律神經失調或是腎上腺亢進或疲乏，第三階段就開始出現身心症狀。

許多公司企業希望員工能夠快樂，花了許多時間和成本期望達到這個目標。像是舒壓課程、壓力管理、正念減壓、心理健檢等。因為樂在工作的員工，大腦比較有創造力，也會替公司創造利益。所以讓員工快樂，就長期來看是好的；但再好的概念也要確實執行，才能達到預期效益。

目前有許多專業團隊提供企業大腦健康教練的服務，主要包括的特點是：

◆ **健康評估**：使用健康風險評估或大腦功能評估來確認個案基本狀況。

◆ **數據追蹤**：使用腦波和心理相關的測評工具，以評估企業員工所需的課程內容。

◆ **基礎課程**：在課程中，心理教練和客戶討論與評估行動的意願、大腦優化方案，和進行方式。

◆ **進階課程**：定期舉辦這些課程效益，以及評估個案目前狀態、近期生活變化以及發掘大腦優勢。

常見的健康指導是一對一的管道，畢竟出現不想上班的狀況，員工多數不想讓公司知道，但是員工的表現又會影響到公司的營運。因此，可以嘗試專業諮詢的服務，讓員工放心將自身的心理狀況交給專業團隊，也不用擔心身心狀況會影響工作表現。

職場心理學家曾提出改變五階段的動機，想要改變現狀，通常要經過五個階段：

一、沉思前期：尚未考慮任何健康促進行動。

二、沉思期：個體正考慮採取行動，但尚未有行動方案。

三、準備期：個體決定採取行動，正在準備行動方案。

四、行動期：個體正在積極執行行動。

五、維持期：個體至少持續半年，並且努力增進健康，或者避免重蹈覆轍。

目前有許多企業集中在沉思前期、沉思期和準備期居多，也就是「上醫醫未病之病、中醫醫欲病之病、下醫醫已病之病」，此時都是在做預防。許多職場健康促進者，有意識到必須隨著員工的不同需求做個別化調整，因此使用不同的技術策略，增進職場健康。

在現今過勞的世代，許多上班族需在較短時間內做更多的工作，要職場工作者參與職場健康提升的相關促進方案和活動，困難度會增加；而且健康和空氣一樣，都要等失去了才知道其重要性。雖然健康本身就是一種獎勵，但有時候要人相信看不見的會比相信看得見的要難。**此時就需要從企業本身的文化去鼓勵，沒有所謂最好的方式，而是讓員工相信看到的、感覺到的，以及能夠把這樣的訓練結果內化到日常生活中。**如果員工沒有看到或感覺到方案帶來的好處，這時就需要外在誘因來提高行動和持之以恆，直到他們體驗到行動帶來的好處。

當職場工作者意識到健康為首重，並且願意執行大腦健康促進，企業需要策略激勵員工堅持行動方案。一開始多會躍躍欲試，但如果努力看不到立即的效果，就會失去堅持的動力。因為一個人的健康狀況，和大腦狀況的可覺察改變，是循序漸進的，而非立竿見影，就像之前提到透過外在動機培養出外在動機，成為一個自我持續的力量。常見的方法有：

一、設定實際目標，把一個長期目標分成數個短期目標。

二、強調慢慢地開始，特別是培養健康的習慣。

三、一邊評估參與者的進度，一邊定期給予口頭上支持和書面回饋。

四、依據設定主題的健康促進表，依達成建立獎勵回饋制度。

在企業中有所謂健康指導教練，是指參與者和教練之間一種結構化、互相支持的關係。健康指導教練會設定目標、評估可能阻礙、並善用個人支持系統，以激勵行為的改變。在訓練過程中會引導個案說出在執行健康行為時，有什麼感覺到麻煩？理解自己需要什麼支持來促進改變，消除或盡量減少那些麻煩阻礙，以達到更好的健康水準。

建立起支持網絡，尋求協助，替未來做規畫的同時，依需求進行滾動式的修正，學習接受不確定性。留意自己工作時的感受，適時回應自己的需求，每個人工作的情況差別很大，所被賦予的責任也不同，做事的方法和速度也因人而異，別在跟他人比較後，覺得他人比自己優秀而怪罪自己。你做好該做的事情，他人做好他人該做的事情，他人有沒有做好那是他要為自己的結果負責，而你只需要問心無愧。

許多突發狀況，都不是可以事先做好萬全準備的，也不是每次都有錦囊妙計能派上用場。我們只能盡力的保持彈性，人類和大腦網絡一樣，都需要團隊合作。如果你真的覺得累了，提出需求，與主管溝通調整工作任務，不需要告訴自己拖累大家。因為大腦的一個區域功能變弱時，其他的神經就會啟動支援，不需要因為休息或休假而感到愧疚，好像休息就是一種綑綁，或承受異樣的眼光。你只需要做好該做的事，心有餘力助人一把，但前提是先照顧好自己。寫下自己的感受，為這段不想上班的旅程做一個心情日記，也許是你的感受或你內心真實的想法，不加修飾地記下這些經驗，為這段旅程留下紀錄。

看到這裡，這本書究竟會不會讓你重拾上班的熱情？我不確定。但休息這件事，是重要但卻常被忽略的事。同時也會遇到一個難題，人都只想做自己喜歡的、讓自己快樂的事情，並且避免不喜歡的事。曾有人說：「沒有人會把你擺在第一位，除了你自己。」因此在公司企業裡，要管理不同的人，就得了解每顆腦袋，人腦並沒有那麼簡單易懂。前面提到，如果員工的工作動機是薪水，那麼多給薪水和福利就會更有幹勁，直覺上是這樣，但實際上給更多錢反而會喪失做事的動機，如何拿捏需要管理的智慧。

有人說：「工作讓你的腦快樂」，人的一生有很多時間都在上班工作。因此，工作對人有重要的影響，不用工作、不想工作、沒有工作，都有讓人快樂的一面，也有讓人不快樂的一面。**有著不想上班症候群的員工，承受極大的工作壓力，在企業裡更會影響生產力。**有些人熱愛工作，有些人是為了餬口，如何詮釋這份工作會影響你的心情。好的工作讓人快樂，不好的工作讓人喘不過氣，甚至快要斷氣。不管上班的工作內容是什麼，都是由大腦來做。

工作不是單打獨鬥！團隊合作可促進神經連結

在工作場合維持良好的人際關係，找出工作與生活的平衡，才是真正解決職業倦怠的最終方法。

能夠互相合作，將工作做好也會增進大腦功能。曾有研究將受測者分為兩組，一組成員共同接受某項具挑戰性的活動，也就是要協力完成一項任務；另一組則只有單純互動。結果發現一起接受挑戰的那組，在大腦認知功能都有改善，但單純互動的那組卻沒有這樣的現象。無論是勞動力或者耗腦力的工作，團隊合作對於大腦都是正向的影響。

大腦神經具有可塑性，會持續產生新的連結，並且強化已存在的連結，消除不需要的連結。每一個網絡都有其必要性，但是連結的方式要正確，國立陽明交通大學謝仁俊教授曾在演講中分享一個概念：「一般認為神經可塑性是好的，但實際上未必。大腦對外在刺激的訊號處理，需要有神經去運作處理，有時是為了做出反應，有時是要整合訊息。所以這種神經可塑性是良性的反應，為了適應和對外再做出反應。但是有時候神經產生錯誤的連結，出現不該出現的連結，那就成為非適應性的可塑性。」

上班時不是付出體力，就是要付出腦力，這些最終都會提升大腦功能，讓我們更聰明也更快樂。但是這只是相關並非絕對關係，就像運動對身體有益，但也會造成損傷與疼痛，所以才說要適度的運動。**工作固然有它的益處，但是過度勞動卻是一種折磨，太多工作量會消耗大腦儲備量，也會影響身體健康。**

在辦公室裡上班，你所接收到的人、事、物，並非單純來自於相關感官訊息，而是你怎麼看待這些人事物，如果受到情緒扭曲與影響，就會覺得自己所付出的都是白努力。我們大腦不喜歡把心力放在無意義的事情上，特別是判斷做某件事情的投資報酬率很低，就像你花了時間為客戶需求的提案做出努力，但結果卻沒有獲得訂單；瞎忙一場到頭來徒勞無功，許多人不想上班的心情就是來自於這種挫折。曾有人開玩笑地說：「消極的人，每天早上上班前，都在床上掙扎，積極的人早就請好假躺好躺滿。」

能力許可下持續工作，能為你帶來快樂

當你的能力是他人的五倍時，將會獲得比他人多五倍的工作量。但有些人對於工作來自內在動機，有些人來自外在動機。對大腦而言，薪水的確是付出心力後而獲得的報酬，也因此有人說世界上最解渴的水就是「薪水」。金錢補償能讓大腦的邊緣系統產生反應，邊緣系統對生存重要的需求也會做出反應。如果用一張千元鈔票去砸狗，狗不會有什麼反應，對牠而言就只是一張紙；但你用肉包子去砸狗，就會有去無回。人類可以了解金錢的重要性，因此上班工作是得到金錢的手段之一。

只是每個月領薪水的時候，**工作快不快樂就會影響如何看待這筆錢，是認真工作上班後的榮譽獎金，還是在職場上受盡委屈的精神慰問金，大腦會有他自己的解釋。**

因為心累，出現了不想上班症候群；但若不上班，除非你衣食無虞，否則錢不夠用對生活是很大的壓力，缺錢會引發腦中的威脅系統，難怪我們的大腦會累。上班工作卻找不到熱情方向，還花了那麼多時間應付不喜歡的工作，為什麼還想繼續？**因為上班滿足了人的基本需求，提供生活某程度的安全感，讓我們的大腦覺得這樣的行為是安全的。**

上班滿足了生存需求，但如果你的工作需要負起責任，完成特定任務，那麼你就會獲得比較多的掌控感。在工作過程中，有很多付出和展現能力的機會，如果沒有達到勝任工作的基本要求，又不想辦法提升自我，就可能失業，因此大腦會認為工作對於生存而言是重要的，對於個人能力的要求也會不斷提升，而大腦的功能也會決定一項任務要付出多少心力，如果你上班做的事情，都是在能力範圍裡，那就會讓你感覺到舒適，舒適到放鬆，太過放鬆就容易放肆，而放肆的態度很容易在工作上出事。**超過能力範圍，就得跨越舒適圈，讓自己的能力不斷升級優化，勝任的**

能力與評估，是進化大腦一個重要的面向。

自己的能力可以解決工作上的難題，就會產生勝任感，這種感覺會帶來愉悅，工作過程讓人有機會證明自己的能力，並且是從職場的不同角度來證明這種能力，其實感覺蠻好的。但是相對而言，不可能所有人都會滿意，當你的做法受到質疑時，心情難免會受到影響。

不上班會比較快樂嗎？想想那些財富自由的企業家、或者贏得金牌的選手，雖然擁有令人羨慕的一切，卻仍然向前。他們擁有財富、獲得尊敬，遠比自己期待的更多，從一般角度來看，他們不需要工作，為什麼還要工作？工作能帶來什麼快樂？而且從上班族變老闆，也就從領薪水變到要發薪水，領不到薪水和發不出薪水，都會讓人不想上班，但為什麼企業家仍舊會想辦法讓公司經營下去？

大腦知道我們需要上班工作才能生存，而且認為工作有助於身心健康，雖然大腦是一個消耗能量的器官，但也是會累會疲勞的，如果上班無法帶來明顯的益處，就會變得心不甘情不願，讓上班變成一種折磨。除了滿足了生存需求後，大腦還會希望我們去做維持生存以外的事情，像是關係需求與成長需求，能夠滿足這些條件，更有可能讓自己喜歡上班，因為面對的已經不再是一份工作，而是一份志業。

不過大腦終究是個器官，也需要休息和充電，如果一直處於興奮狀態，將馬拉松比賽用百米的配速在衝，最後一定會精疲力盡。大腦認知資源也會很快燃燒殆盡。找到工作與生活的平衡，或是把工作與生活融合，都是未來一定要努力的方向。

不想上班症候群

最強腦科學改善工作焦慮，擺脫職業倦怠的身心配方

作　　者 | 易思腦團隊 ExeBrain
發 行 人 | 林隆奮 Frank Lin
社　　長 | 蘇國林 Green Su

出版團隊
總 編 輯 | 葉怡慧 Carol Yeh
主　　編 | 鄭世佳 Josephine Cheng
企劃編輯 | 楊玲宜 ErinYang
責任行銷 | 鄧雅云 Elsa Deng
內頁插畫 | 李涵硯 Han Yen Li
封面設計 | 李涵硯 Han Yen Li
內頁排版 | 黃靖芳 Jing Huang

行銷統籌
業務處長 | 吳宗庭 Tim Wu
業務主任 | 蘇倍生 Benson Su
業務專員 | 鍾依娟 Irina Chung
業務秘書 | 陳曉琪 Angel Chen・莊皓雯 Gia Chuang
行銷主任 | 朱韻淑 Vina Ju

發行公司 | 悅知文化　精誠資訊股份有限公司
105台北市松山區復興北路99號12樓
訂購專線 | (02) 2719-8811
訂購傳真 | (02) 2719-7980
專屬網址 | http://www.delightpress.com.tw
悅知客服 | cs@delightpress.com.tw
ISBN：978-986-510-214-2
建議售價 | 新台幣450元　　首版一刷 | 2022年06月

國家圖書館出版品預行編目資料

不想上班症候群：最強腦科學改善工作焦慮，擺脫職業倦怠的身心配方 / 易思腦團隊著. -- 初版. -- 臺北市 : 精誠資訊, 2022.06
304面 ; 14.8×21公分
ISBN 978-986-510-214-2 (平裝)
1.CST: 疲勞 2.CST: 工作壓力 3.CST: 健腦法

176.76　　111004766

建議分類 | 商業理財／醫療保健

線上讀者問卷 TAKE OUR ONLINE READER SURVEY

休息就是為了好好休息，並不是為了走更長的路。

——《不想上班症候群》

請拿出手機掃描以下QRcode或輸入以下網址，即可連結讀者問卷。關於這本書的任何閱讀心得或建議，歡迎與我們分享 :)

https://bit.ly/3ioQ55B